CB001201

Mística e Razão: Dialética no Pensamento Judaico

Coleção Estudos
Dirigida por J. Guinsburg

Equipe de realização – Edição de Texto: Márcia Abreu; Revisão: Luiz Henrique Soares; Sobrecapa: Sergio Kon; Produção: Ricardo W. Neves, Sergio Kon, Luiz Henrique Soares e Raquel Fernandes Abranches.

Alexandre Leone

MÍSTICA E RAZÃO: DIALÉTICA NO PENSAMENTO JUDAICO

DE SPECULIS HESCHEL

CIP-Brasil. Catalogação-na-Fonte
Sindicato Nacional Dos Editores de Livros, RJ

L593d

Leone, Alexandre, 1964-
Mística e razão : dialética no pensamento judaico / Alexandre Leone. – São Paulo: Perspectiva, 2011.
(Estudos ; 289)

Inclui bibliografia
ISBN 978-85-273-0912-7

1. Heschel, Abraham Joshua, 1907-1972. 2. Filosofia judaica. I. Título. II. Série.

11-0351. CDD: 181.06
CDU: 1(26)

18.01.11 21.01.11 024013

EDITORA PERSPECTIVA S.A.

Av. Brigadeiro Luís Antônio, 3025
01401-000 São Paulo SP Brasil
Telefax: (011) 3885-8388
www.editoraperspectiva.com.br

2011

Para Selma, Ariel e Natan

AGRADECIMENTOS

A Izidoro Blikstein, pela sua orientação carinhosa e instigante; a Dom Joaquim de Arruda Zamith, O.S.B., o primeiro estudioso de Heschel no Brasil, por ter aberto os caminhos que trilhei muitos anos depois; e também a Neil Gillman, Luiz Felipe Pondé, Miriam Gerber, Glória Hazan, Gordon Tucker e Leonard Levin.

E AOS PATROCINADORES DESTA EDIÇÃO

Tânia e Nissin Chreim
Betty e Stephane Malik
Chelomo Venezia e família
Templo Beth-El
George Gabanyi
Fernanda e Elias Messer
Liliana Arcuchim, em homenagem ao *bat-mitzvá* de sua filha Gabriela

"*A dialética do* Talmud *assume um ritmo oceânico.*"

EMMANUEL LÉVINAS

Sumário

Apresentação

"A religião é a resposta humana daquele que se percebe estar diante do divino." A concisão da fórmula com que Abraham Joshua Heschel expressa sua concepção do que significa "religião" poderia dar a impressão de que se trata de uma ideia simples – mas o estudo que o leitor tem em mãos demonstra que nada poderia estar mais longe da verdade.

O autor da frase é uma das figuras mais instigantes do que se convencionou chamar "pensamento judaico" – o fruto de vinte e tantos séculos de esforço para compreender o que está escrito na *Torá*, e por extensão o que é ser judeu. Três grandes tradições compõem essa vasta tapeçaria: a massa dos comentários rabínicos, inicialmente compilada no *Talmud*, depois dispersa em inúmeras obras que atravessam a Idade Média, os tempos sombrios entre 1500 e a Emancipação, e chegam até os dias de hoje; paralelamente, o conjunto das especulações místicas, das quais as mais importantes são a Cabala e o hassidismo; e, por fim, a filosofia judaica, em suas versões helenística, medieval e moderna.

Cada uma dessas tradições, e dentro de cada uma delas as diversas correntes e escolas, atualiza uma variante da experiência do sagrado possibilitada pelo judaísmo, e ao mesmo tempo efetua uma conceituação de tal variante. Vivência e pensamento encontram-se intimamente entrelaçados: essa é a primeira coisa que aprendemos com o presente livro. A segunda é que nenhuma das variantes/conceituações representa a totalidade do universo judaico, quer sob o aspecto vivencial, quer na esfera do pensamento propriamente dito. No entanto, como todas expressam de algum modo o que torna *judaica* a experiência religiosa, possuem algo a que – na esteira de Heschel – Leone chama "legitimidade". Disso decorre que cada uma se vê na necessidade de tomar em consideração as outras (ou ao menos algumas outras), ou seja, na necessidade de dialogar com elas, mesmo que às vezes asperamente.

É nesse panorama complexo que se inscreve o pensamento de A. J. Heschel (1907-1972), rabino, teólogo e filósofo de origem polonesa, que se doutorou em Berlim e passou boa parte da sua existência nos Estados Unidos. Tendo dedicado seu mestrado ao estudo do humanismo na obra hescheliana, Alexandre Leone se volta agora para a teologia que ele nos legou, e em particular para um livro que considera central no percurso do seu mestre: *Torá min ha-Schamaim Be-Aspaklaria schel ha-Dorot*, ou, em sua tradução, *A Torá Revelada Apreendida Através das Lentes das Gerações de Sábios*.

Estamos, portanto, no eixo rabínico do pensamento judaico. Neste, o que singulariza o tratado de Heschel é uma tese original: os dois grandes gêneros em que se desdobra a herança dos sábios, a saber, a *Halakhá* (lei religiosa) e a *Agadá* (as narrativas de natureza ética e teológica), não podem ser isolados um do outro, nem privilegiados um em detrimento do outro. Quem os separasse seria como o cego de um olho, que o Talmud dispensa da peregrinação a Jerusalém nas festas de Pessakh, Schavuot e Sucot, porque não teria condições de ver o Templo de maneira adequada[1].

A metáfora do caolho nos leva diretamente ao âmago do pensamento hescheliano: com efeito, todo ele se apoia na importância de "ver com os dois olhos", sejam eles os da *Halakhá* e da *Agadá*, sejam, dentro desta última, os das escolas das quais falaremos logo mais.

O uso conotativo que o pensador faz dessa imagem, argumenta Leone, ilustra bem o *tour de force* realizado em *Torá min*

1. *Haguigá* 2b.

ha-Schamaim: estender à *Agadá* o tipo de debate característico da *Halakhá*, isto é, o confronto entre posições divergentes e mesmo opostas. Em lugar de ver naquela apenas uma somatória de relatos ficcionais destinados a instilar ensinamentos e princípios éticos, Heschel organiza essa imensa literatura em torno de dois polos, um mais permeado pela inspiração mística, outro mais "terreno" – quase diríamos, se não fosse pelo evidente anacronismo, "racionalista". A propósito dos mais variados temas – a revelação, os milagres, a presença divina, os profetas, as oferendas sacrificiais, e assim por diante – as duas perspectivas são contrapostas com sutileza e erudição. Seus porta-vozes são, segundo Heschel, respectivamente Rabi Akiva e Rabi Ischmael, dois sábios que viveram em torno do ano 100 d. C.

Trata-se de uma considerável novidade, afirma Leone, e boa parte do seu estudo é dedicada a demonstrar por quê. Em resumo, pode-se dizer que a análise de Heschel desvenda uma dialética operando no interior da *Agadá* – e o termo deve ser tomado exatamente no mesmo sentido em que se aplica às discussões sobre a Lei:

> por seu modo de combinar uma abordagem que mescla razão sensível [...] com a aceitação do paradoxo [...] No *Talmud*, o modo dialético de pensar move-se num enredado processo de questões e respostas, implícitas ou explícitas, que são propostas no sentido de explorar todas as possibilidades de determinado problema.

Essa espécie de "*pilpul* agádico" tem como paradigmas os dois polos mencionados atrás: a *aspaklaria schel mala* (perspectiva celeste, ou mística) e a *aspaklaria schel mata* (perspectiva terrena, ou racional). A tese de Heschel – e aqui retornamos à metáfora ocular – é que ambas devem ser levadas em conta, no que denomina "visão em paralaxe", ou tridimensional. Se deixarmos uma delas de lado, seremos como o caolho da *Guemará*, e, mesmo que façamos a viagem a Jerusalém, não conseguiremos ter uma visão adequada do Templo (que aqui significa tanto o judaísmo como universo religioso quanto a busca pessoal de Deus por parte do fiel).

Ao concluir a leitura do livro de Leone, fica-me a impressão de que a maior dificuldade enfrentada por Heschel em seu empreendimento não foi o caráter rapsódico das antologias em que estão compiladas as fontes da *Agadá*. Digo "rapsódico" porque, ao contrário dos textos sobre a Lei, elas não se apresentam estruturadas como debates, mas como narrativas dispersas, em geral sem relação aparente com as demais da mesma coleção. Esse escolho pôde ser contornado pela abrangente erudição do pensador, e por sua capacidade de discernir padrões coerentes sob a superfície "caótica" (o termo é de Tucker, um estudioso do tema) de lendas e contos reunidos em inúmeras obras ao longo dos séculos.

Assim, as figuras de Rabi Akiva e Rabi Ischmael vieram a se tornar emblemáticas das duas *aspaklariot* (perspectivas), que segundo Heschel não se reduzem aos ditos atribuídos a eles, mas conformam de modo recorrente a imaginação agádica ao longo de dois mil anos – e boa parte de *Torá min ha-Schamaim* é dedicada a fazer surgir a dialética que estrutura esse imenso *corpus* literário.

A dificuldade maior, então, não está aí. Ela reside na proposta teológica sustentada pelo pensador polonês – e não me refiro a qualquer problema interno que pudesse apresentar, assunto sobre o qual não tenho nem condições nem pretensão de opinar. O que está em jogo não é de natureza teológica, e sim *política*: Heschel defende a tolerância e o diálogo entre as várias correntes do judaísmo, e isso o coloca na contramão dos radicalismos e fundamentalismos que observamos na cena contemporânea.

Essa posição política deriva do que Leone considera o "ponto nevrálgico" do pensamento hescheliano: seu respeito pela diversidade, sua crença na legitimidade em tudo aquilo que foi "abonado pela tradição". Ela se materializa no título do terceiro volume de *Torá min ha-Schamaim*, publicado postumamente em 1990: *Eilu va-Eilu Divrei Elohim Hai* (Estas e Aquelas São as Palavras do Deus Vivo). Para Heschel, "estas e aquelas" não significam mera sucessão, porém variedade, frequentemente divergência, e por vezes paradoxo. A tensão entre as diversas opiniões a respeito de um mesmo assunto não é um acidente de percurso: ao contrário, deriva da natureza mesma da Revelação, e cada uma delas atualiza uma possibilidade de interpretação do texto sagrado.

Longe de ser uma novidade espúria, a postura de Heschel se enraíza, segundo o pensador (e também segundo seu comentarista) no próprio cerne da tradição: "escutar o testemunho e o ensinamento das correntes opostas dos sábios é um modo de buscar aprender do próprio Deus Vivo". É isso que explica a frequência de termos como "polifonia" e "polissemia" no texto que se vai ler – e é isso que fundamenta o que Leone chama de "humildade teológica": a convicção de que qualquer ponto de vista, por ser necessariamente parcial, exige ser confrontado com seu complemento. Quer se trate de filosofia e pensamento rabínico, quer de *Halakhá* e *Agadá*, quer da "via da razão" e da "via do coração", quer, nesta última, das divergências entre sábios pertencentes à mesma tendência religiosa (por exemplo, entre líderes hassídicos), o que importa é o *hiluk* (encadeamento), no qual todos e cada um dos elos se revelam essenciais.

Ora, tal posição só pode despertar ojeriza por parte dos que consideram a sua interpretação do judaísmo e a sua forma de vivê-lo como as únicas válidas – e não são apenas os ultraortodoxos que assim procedem. Lembro aqui o que me contou certa vez um amigo idichista: ao saber que na noite de Iom Kipur comunistas judeus pretendiam fritar salsichas em frente a uma sinagoga, o editor do diário novaiorquino *Forverts* escreveu na primeira página: "*Apikoires, zaïd nisht fanatiker!*" (Judeus não observantes, não sejam fanáticos!).

A relevância do estudo de Alexandre Leone vai, assim, muito além dos limites da academia. A finura de suas análises e a exemplar *scholarship* com que foi pesquisado estão a serviço de uma postura que aceita e valoriza a diversidade no interior do judaísmo, sem, no entanto, soçobrar num relativismo pastoso. Como ele mesmo escreve: "ao dar voz ao oponente, Heschel também o legitima como sujeito de diálogo".

A base para essa atitude é o famoso *midrasch*, no qual se conta sobre a "voz celestial" que dizia ser a lei conforme as opiniões de Rabi Hilel:

> Se "estas e aquelas são as palavras do Deus Vivo", por que então foi laureada a escola de Hilel, tornando-se aquela que fixa a lei? Porque eles eram cordiais e modestos, pois estudavam suas opiniões e as da escola de Schamai. E não apenas isso, eles mencionavam as opiniões da escola de Schamai antes das suas.

Leone dedica várias páginas ao comentário dessa expressão, nas quais põe em prática o que advoga – ao lado da interpretação tolerante que lhe parece correta, cita e discute outras, mais restritivas. O tema é central não apenas para entender por que rabinos mortos há muitos séculos pensavam dessa ou daquela forma, mas sobretudo para a formulação de uma teologia que, embora reconhecendo a validade de perspectivas menos amigas do paradoxo, busca manter juntas a unidade profunda do judaísmo e a legitimidade da controvérsia. Nem Soloveitchik – autor de um livro sobre o "homem haläkhico" que escandalizou Heschel[2] – nem Buber, para quem a observância integral dos mandamentos não seria necessária para a vida religiosa judaica: para o filósofo, assim como para o autor do presente estudo, a expressão *eilu va-eilu* não pode ser compreendida sem sua segunda parte – "mas a *Halakhá* é conforme a escola de Hilel":

pois isso levaria ao relativismo e à dualidade amorfa. Não se trata de fazer da *Torá* duas *Torot* [uma em que a prática ritual seria essencial, outra na qual não o seria]. A questão hescheliana é como preservar a complexidade do debate de posições religiosas ao mesmo tempo que se vislumbra uma unidade dos contrários.

Essa é a justificativa conceitual para o cerne do pensamento de Heschel, que ele mesmo designou como "teologia profunda", à qual adere Alexandre Leone. Em suas palavras, ela não lida apenas com o conteúdo da crença, mas "com o ato da fé, assim como com as experiências que precedem e nutrem a fé", o que o leva à conclusão do estudo, um tributo a seu mestre que certamente contaria com a aprovação dele:

Somente a paralaxe [...] pode gerar uma consciência religiosa capaz de fazer uma vital autocrítica constante. A dialética teológica entrelaçada com a teologia profunda é, assim, fonte de argumentos muito fortes em prol de um pluralismo teológico dinâmico.

Nestes tempos de fundamentalismo e intolerância, como é bom ouvir de um rabino tal declaração!

Renato Mezan

2. "*Isch ha-Halakhá? Lo haia ve-lo nivra, ela maschal haia!* (Homem da *Halakhá*? Nunca existiu esse tipo de judeu!)", ver infra p. 32-33.

Introdução

Os judeus, em sua longa trajetória através da história, desenvolveram diversas tradições de pensamento que ocorreram em sucessão ou mesmo em paralelo. Dentre essas tradições de pensamento podem ser listadas aquelas que deixaram sua marca na literatura bíblica, como a dos profetas e a dos livros sapienciais, a literatura rabínica expressa no *Talmud* e no *Midrasch*, que se desdobra numa extensa literatura medieval e a filosofia judaica ou, como prefere Julius Guttmann, a filosofia do judaísmo. Cada uma dessas tradições de pensamento recebeu tanto influências externas quanto se influenciaram mutuamente de muitas formas. Dentre elas, no entanto, a filosofia é fruto do encontro entre os judeus e o Ocidente. O povo judeu encontrou-se com a filosofia em três períodos intermitentes: com a filosofia grega no final da Antiguidade, novamente através da influência árabe durante a Idade Média e na Modernidade. Paralelamente, ao longo dos séculos, o pensamento rabínico floresceu e diversificou-se em tradições racionalistas e místicas. Na tentativa de abarcar esse quadro complexo, foi criado, no século XX, o conceito de *Makhschvet Israel* – Pensamento Judaico. Uma de suas características principais é fazer o encontro entre a filosofia e as tradições de pensamento sapiencial bíblico e rabínico. Tradição essa de pensamento tão particular, mas que surpreendentemente chega a tocar em diversos momentos o universal humano.

Por fazer a reflexão sobre a condição judaica e sua forma peculiar de experiência religiosa, a filosofia do judaísmo está em permanente diálogo com as tradições judaicas de pensamento sapiencial e religioso não filosóficas. Na Idade Média a filosofia judaica se ocupou muito mais com o diálogo com a *Bíblia* do que com a literatura rabínica. O imenso corpo literário que constitui a literatura rabínica foi praticamente deixado de lado pela filosofia judaica medieval. O *Talmud* sempre foi considerado uma obra de sabedoria sem a qual a educação judaica não é completa em seu nível superior, porém os filósofos, mesmo os mais tradicionalistas, preferiram deixar o estudo profundo do *Talmud* a cargo de pensadores não filosóficos, os talmudistas. Essa tendência na filosofia judaica pode ser notada, por exemplo, em Maimônides, que escreve, enquanto filósofo, o *Guia dos Perplexos* e, enquanto jurista, o *Mischné Torá*, um código legal que deveria substituir o estudo direto do *Talmud*, considerado muito difícil por seu estilo repetitivo e cheio de meandros dialéticos.

É na Modernidade tardia que essa tendência mudou de rumos com as obras filosóficas de Salomon Schechter no começo do século XX e de Abraham Joshua Heschel e de Emmanuel Lévinas depois da Segunda Guerra Mundial. Antes deles, Herman Cohen e Franz Rosenzweig voltaram seu interesse filosófico para a literatura talmúdica, porém de um modo que não chegou a passar da superfície. Buber, por sua vez, que também estava romanticamente interessado na tradição judaica, volta-se para outra literatura tradicional: os contos hassídicos. Outro importante pensador do judaísmo no século XX, Gershom Scholem, voltou seu interesse para a literatura mística judaica. Lévinas é quem primeiro leva o *Talmud* para o debate intelectual moderno com a sua série de lições talmúdicas espalhadas em várias coletâneas de ensaios como *Quatre Lectures Talmudiques* (Quatro Leituras Talmúdicas), 1968, *Du Sacré au Saint* (Do Sagrado ao Santo), 1977, *L'Au-delà du verset* (Para Além do Versículo), 1982, textos escritos no período de sua maturidade intelectual. No caso de Heschel, seu interesse em abordar diretamente a literatura talmúdica se dá também no período de sua maturidade como intelectual, porém em uma de suas obras menos conhecidas *Torá min ha-Shamaim be-Aspaklaria schel ha-Dorot* (A *Torá* Divina Sob as Lentes das Gerações)[1].

De forma bastante concisa, pode-se dizer que a abordagem hescheliana do *Talmud* e da literatura rabínica feita em TMH é tida como um estudo da dialética teológica dos primeiros rabinos e, por indução, da dialética teológica que permeia o judaísmo rabínico até hoje. Já a abordagem que Lévinas faz do *Talmud* nas suas lições talmúdicas é pouco preocupada com os aspectos teológicos e muito mais interessada numa reflexão ética inspirada nele. Em ambos os filósofos, trata-se de esforços no sentido de captar e traduzir para as categorias de pensamento ocidental aquilo que este não poderia pensar, pois opera com categorias diversas do mundo dos primeiros rabinos.

O presente estudo aborda o modo como Heschel lê os primeiros rabinos e a influência dessa leitura, que constitui um aspecto central de sua reflexão filosófica, em sua obra. Uma das questões a ser investigada nesta pesquisa refere-se à possibilidade da interação entre uma tradição sapiencial não filosófica, no caso o *Talmud* e a literatura rabínica, e a tradição filosófica ocidental, representada aqui pela filosofia hescheliana. Esse tipo de interação entre filosofia e obras não filosóficas poderia ser investigado também no campo das relações entre filosofia e literatura na Modernidade. Mas a interação moderna entre a filosofia da religião e a literatura de sabedoria das grandes tradições religiosas é ainda um campo pouco pesquisado. Esta pesquisa é assim também um estudo de caso sobre essa interação. Para a filosofia que pensa a religião trata-se de uma investigação significativa, pois ao trazer luz à complexidade do pensamento rabínico, além de diversas noções no campo do pensamento religioso, poderá possivelmente interessar e mover os estudos das literaturas sapienciais de outras tradições religiosas.

No pensamento ocidental a interação entre a filosofia e uma tradição não filosófica, no caso o texto bíblico, correu no final da Antiguidade com Filo de Alexandria. Também durante a Idade Média essa interação foi retomada entre filósofos

1. A obra *Torá Min ha-Schamaim be-Aspaklaria schel ha-Dorot* que é citada muitas vezes será referida, ao longo deste texto, como TMH.

judeus, cristãos e muçulmanos. É sabido que numa das suas primeiras definições, a filosofia viu-se como amor ou amizade pela sabedoria. Essa amizade está no encontro com a sabedoria escrita no livro do mundo, que gera a ciência, mas também nas artes e na literatura. No caso de tradições de pensamento não filosóficas, e especialmente religiosas, essa interação nunca é simples, mas quando realizada com integridade intelectual pode ser muito frutífera como no caso de Heschel e Lévinas.

Outra questão importante diz respeito ao uso em si do *Talmud* por parte de filósofos no período da crise da Modernidade pós Auschwitz e Hiroshima e também da crise do judaísmo. Essa volta justamente aos textos centrais da tradição rabínica, e não apenas à *Bíblia*, demonstra uma vontade de apresentar ao Ocidente outra faceta da experiência religiosa judaica. A literatura rabínica apresenta-se como uma tradição de pensamento religioso viva, que reconhecendo a presença de *Hokhmat Iavan*, a filosofia grega, e de *Hokhmant Bene Kedem*, as tradições de pensamento oriental, zoroastrista e hindu, permaneceu ela mesma uma tradição de pensamento independente ao mesmo tempo que fez a ponte entre elas. Talvez aí resida a importância do exemplo da tradição rabínica num período em que a própria Modernidade tem que dialogar com culturas diversas através do planeta.

Os filósofos do judaísmo que abordam a literatura rabínica buscaram a essência ainda viva de uma tradição em crise. Heschel aproxima-se do *Talmud* buscando entender sua dialética teológica e sua teologia não sistemática que, segundo Max Kadushin, consiste em uma teologia orgânica. Lévinas aproxima-se do *Talmud* buscando aquilo que no seu entender deveria ser o foco central da filosofia: a ética como antecessora da ontologia. Outra questão, portanto, é como o próprio *Talmud*, o *Midrasch* e a literatura rabínica em geral se prestam à abordagem filosófica.

Distingue-se na literatura talmúdica dois gêneros: a *Halakhá*, que é o debate ético-legal a cerca da observância religiosa, e a *Agadá*, que é constituída pelas lendas, narrativas e aforismos que interpretam o texto bíblico e que comentam as vidas dos sábios. É interessante que tanto Heschel quanto Lévinas voltaram-se, sobretudo, para a *Agadá* como foco de seu interesse filosófico. Seria esse gênero mais propício à abordagem filosófica? Ou seria ele simplesmente de mais fácil abordagem do que os intricados debates halákhicos? Há aqui um claro paralelismo entre esse interesse de Heschel e Lévinas nas lendas agádicas e o interesse de Buber nas lendas hassídicas. Indicaria isso alguma tendência geral da filosofia judaica moderna?

Por último, com relação à obra de Heschel, cabe investigar como a abordagem da literatura talmúdica relaciona-se com o conjunto de sua obra, visto que o interesse em abordar diretamente a literatura rabínica ocorre na fase madura de sua carreira intelectual. Esse interesse deve ser visto como o clímax de sua obra filosófica.

1. Torá min ha-Schamaim e a Questão da Revelação

A FILOSOFIA DA RELIGIÃO EM HESCHEL

A religião é a resposta humana daquele que se percebe na situação de estar diante do divino. Essa é, em síntese, a posição defendida por Abraham Joshua Heschel (1907-1972) sobre o significado do conceito de religião. O corolário dessa afirmação é que a religião nasce a partir de uma experiência e é a resposta humana a essa experiência. Como resposta humana, ela está condicionada às situações histórico-culturais e ao contexto daquele que vivencia o encontro com Deus e, ao mesmo tempo, essa mesma experiência é produzida pelo divino que veio à procura do humano. Mas o divino é o inefável e, assim, para Heschel, as ideias religiosas e o discurso religioso são posteriores a uma vivência que se dá antes mesmo de que as palavras possam ter sido formuladas.

Ao se perceber na situação de estar diante do divino que irrompe, o sujeito é retirado da tranquilidade de sua autonomia para a desconfortável heteronímia que caracteriza a experiência religiosa. Esse "desconforto" dá-se em virtude de o sujeito ser confrontado com questões existenciais profundas a que ele deverá responder ou das quais deverá fugir e se eximir.

Caso responda às questões existenciais profundas oriundas desse encontro, a religião é essa mobilização e sua resposta. Segundo Heschel, há basicamente duas perguntas existenciais: a pergunta de Deus a Adão "Onde estás?" e a pergunta de Deus a Caim "Onde está o teu irmão?" Essas duas perguntas caracterizam dois modos da experiência religiosa. A pergunta "Onde estás?" busca uma resposta ontológica que se dirige ao sentido profundo da existência e ao divino como mistério imanente do ser[1]. A pergunta "Onde está o teu irmão?" procura uma resposta ética no divino para além do ser, na santidade da transcendência da responsabilidade pelo outro. Ambas as perguntas conduzem a respostas religiosas que percebem o Sagrado de modos diferentes e até mesmo divergentes, mas que, no entanto, estão dialeticamente relacionados.

Em sua obra, Heschel seguiu um caminho fenomenológico e situacional para caracterizar e pensar a experiência religiosa, em particular a experiência religiosa judaica. No dizer de Neil Gillman, Heschel é um experimentalista religioso moderno[2]. Para ele, filosofar é questionar o objeto sobre o qual se debruça o pensamento e, nesse sentido, filosofia e teologia se diferenciam na medida em que uma vê problemas a serem questionados onde a outra vê respostas. Segundo esse caminho, Heschel define a religião como a resposta humana diante do Sagrado. Não é o Sagrado que cria a religião, pois este é inefável, misterioso e transcendente. A religião é criada pelo ser humano quando, a partir de sua situação particular, ele responde a Deus ao descobrir-se visitado por Ele. Em Heschel, portanto, a experiência religiosa se dá antes da conceituação e da criação das ideias religiosas. Tais ideias são racionalizações que emergem após a experiência religiosa profunda. Esse é o conceito de religião que emerge das primeiras páginas do livro *Deus em Busca do Homem*, cujo subtítulo é *Uma Filosofia do Judaísmo*. Livro central da mais conhecida trilogia de Heschel.

Como pensador, ao longo de sua vida, Heschel produziu uma obra muito volumosa que abrange áreas tão diversas quanto o estudo do hassidismo, da oração, a crítica ao homem moderno e sua civilização, o estudo dos profetas bíblicos

1. *Deus em Busca do Homem*, p. 144.
2. *Fragmentos Sagrados*, p. 165.

como paradigma inicial do pensamento judaico e o do pensamento religioso dos primeiros rabinos. Essa obra, segundo Neil Gillman[3], orientou-se em duas grandes tendências: uma antropologia filosófica e uma filosofia religiosa voltada para a experiência judaica. A antropologia hescheliana manifesta-se em livros como *Who is Man?* (Quem é Homem?) e em artigos como "The Concept of Man in Jewish Thought" (O Conceito de Homem no Pensamento Judaico). Sua antropologia é base de um humanismo religioso voltado para pensar a redenção do homem moderno de sua condição de crescente desumanização. O aspecto religioso da obra de Heschel é marcante em trabalhos como *Deus em Busca do Homem*, seu livro mais conhecido, em *The Prophets* (Os Profetas) e em *Torá min ha-Schamaim be-Aspaklaria schel ha-Dorot*. Nessas obras pode-se distinguir um dos aspectos mais fascinantes da obra hescheliana: um pensamento religioso de caráter dialético avesso à sistematização, voltado para o convite à experiência religiosa profunda.

Em meu primeiro estudo sobre Heschel dediquei-me a estudar o humanismo hescheliano. Agora, neste segundo estudo de sua obra, volto-me para o seu pensamento religioso. Ambos os aspectos de sua obra estão dialeticamente inter-relacionados, produzindo um pensamento que, se não é sistemático, tem uma dinâmica profundamente orgânica, indispensável para o debate contemporâneo sobre temas como a experiência religiosa e a condição judaica.

A filosofia da religião concebida por Heschel tem elementos universais, porém é, sobretudo, uma filosofia do judaísmo, cujo pensamento enfoca os temas centrais sobre os quais se desenvolveu o debate judaico nos últimos séculos e, em especial, no século XX. A respeito disso, é interessante a caracterização que Heschel faz do judaísmo:

> O judaísmo é uma complexa estrutura. Ele não pode ser caracterizado nem como uma doutrina teológica, tampouco como um modo de vida de acordo com uma Lei ou uma comunidade. Um judeu religioso é uma pessoa comprometida com Deus, com Seus interesses e Seu Ensinamento (*Torá*); que vive como membro de uma Comunidade da Aliança (Israel). O judaísmo gira em torno de

3. Idem, p. 86.

três entidades sagradas: Deus, *Torá* e Israel. O judeu nunca está só diante de Deus, a *Torá* e Israel estão sempre junto com ele[4].

Esses três elementos lembram a tríade descrita por outro filósofo do judaísmo no século XX, Franz Rosenzweig, que, em *A Estrela da Redenção*, refere-se a Deus, ao Homem e ao Mundo como elementos que não podem ser reduzidos um ao outro. Em Heschel, os elementos da tríade formada por Deus, *Torá* e Israel não podem ser pensados um sem o outro no contexto do judaísmo, pois, ainda que não sejam a mesma coisa nem se confundam, esses elementos se entrelaçam de modo muito profundo na experiência religiosa.

É nesse sentido que a experiência religiosa judaica não pode ser reduzida nem confundida com a experiência de um monoteísmo universal sem nenhuma particularidade. O Deus de Israel é o Deus universal, porém o universal da experiência, sob esse aspecto, tem de ser vivido dentro da situação concreta. As religiões não são ilhas, mas elas também não se reduzem umas às outras. Cada religião, mesmo as monoteístas, tem de ser uma resposta a questões humanas concretas. Exatamente ao esquecer para que pergunta ela é uma resposta ou quais questões humanas diante do Sagrado a engendraram, é que uma religião começa a fenecer.

Heschel, assim como muitos outros pensadores judeus contemporâneos que viveram na Modernidade ocidental, deparou-se com uma questão central para a experiência religiosa judaica: o problema da revelação. Tal problema consiste em entender a afirmação tradicional milenar de que humano e Divino se encontraram e como, desse encontro, no caso do judaísmo, resultou a *Torá*. A filosofia e a ciência modernas rejeitam a noção de revelação a partir da rejeição da possibilidade de um evento sobrenatural. No entanto, essa questão torna-se ainda mais crucial para o judeu religioso moderno que quer viver em dois mundos. Como escreveu Neil Gillman no primeiro capítulo de *Fragmentos Sagrados*:

> Por que um livro sobre filosofia judaica começa com uma discussão sobre revelação? Em primeiro lugar, porque é a revelação

4. *The Insecurity of Freedom*, p. 191.

que cria o judaísmo como religião. A revelação é o que traz Deus ao relacionamento com a comunidade dos seres humanos. Sem revelação de Deus, seja de que forma a entendamos, Deus seria irrelevante para a empreitada humana, e o judaísmo seria apenas questão de povo e cultura[5].

POSIÇÕES JUDAICAS MODERNAS SOBRE A NOÇÃO DE REVELAÇÃO

A expressão *Torá min ha-Schamaim*, que será explicada detalhadamente mais adiante, significa sucintamente, no jargão rabínico, a ideia da *Torá* revelada. Por séculos, a ideia da revelação divina da *Torá* foi considerada noção central na crença judaica, até que, no século XVII, Baruch Spinoza desafiou publicamente essa crença. Afirma Spinoza: "Profecia ou Revelação é o conhecimento certo de alguma coisa revelada por Deus aos homens"[6]. Com essas palavras simples e diretas, Spinoza (1632-1677) inicia seu *Tratado Teológico-Político* determinado a polemizar com as ideias religiosas tradicionais vigentes em seu tempo. A tarefa a que Spinoza se lançava era a de desmontar a autoridade da *Bíblia* como texto revelado. No seu entender, ou o profeta se utiliza da imaginação, que não é fonte segura de conhecimento e, portanto, o conhecimento gerado pela revelação, que ele chama de luz sobrenatural, é de um tipo menor do que aquele produzido pela luz natural, a razão, ou o texto bíblico é crivado de contradições que, segundo o filósofo, dão, a esse mesmo texto, um caráter apócrifo. Spinoza aponta para passagens problemáticas e contraditórias que, em muitos casos, já eram de conhecimento dos rabinos do período talmúdico e medieval. Estavam assim lançadas as bases do que viria a ser conhecido, nos séculos seguintes, como a crítica bíblica. O que sobrava do judaísmo era, assim, apenas a lei do antigo Estado judeu que há muito havia deixado de existir. O próprio judaísmo seria, portanto, algo que já havia caducado.

É importante notar que as críticas spinozianas, apesar de muito bem montadas, são baseadas em contradições do texto

5. *Fragmentos Sagrados*, p. 27.
6. *Tratado Teológico-Político*, p. 121.

há muito conhecidas dos comentadores judeus. No entanto, por estarem atreladas à ideia geral de que Deus não existe no sentido que as religiões o definem e que, desse modo, não se comunica com os seres humanos, suas críticas desferiam um duro golpe no judaísmo. Em vista disso, razão e revelação passaram a opor-se. Os pensadores judeus ocidentais viram-se diante da tarefa de legitimar o judaísmo perante a razão, de tal modo que todo o pensamento judaico ocidental, daí por diante, poderia ser caracterizado como uma resposta a Spinoza. Nisso reside sua importância para o pensamento judaico moderno, uma vez que, mesmo que negue o judaísmo, não é possível falar sobre o pensamento judaico moderno sem fazer referência ao filósofo holandês.

Um dos primeiros filósofos do judaísmo a estudar e buscar formular uma resposta a Spinoza foi Moses Mendelssohn (1729-1785), considerado o fundador do Iluminismo judaico na Alemanha. Mendelssohn procurou justificar a persistência de uma identidade judaica distinta, reconciliando o judaísmo com a razão iluminista. Ele concebe, assim, o judaísmo como uma religião da razão munida de uma legislação revelada. A revelação, porém, reafirma apenas a memória de eventos da história judaica. Declara Medelssohn no opúsculo *Aos Amigos de Lessing*:

> Com respeito às verdades eternas, eu não reconheço nenhuma convicção a não ser aquelas fundadas na razão. O judaísmo demanda apenas a fé em verdades históricas, em fatos sobre os quais a autoridade de nossa Lei está fundada. A existência e a autoridade de um Supremo Legislador deve ser, no entanto, reconhecida pela razão e não há aqui nenhum espaço para a revelação ou a fé, nem segundo os princípios do judaísmo nem segundo os meus próprios[7].

Medelssohn adapta o judaísmo aos moldes do deísmo típico do Iluminismo do século XVIII. A questão central do judaísmo passava, assim, a ser centrada na Lei, em detrimento das crenças consideradas por ele acréscimos posteriores à simplicidade da religião racional de origens mosaicas. Para Mendelssohn, essa centralidade da Lei em relação à crença seria até uma marca da superioridade do judaísmo em relação ao cristianismo e

7. M. Morgan, apud D. H. Frank; O. Leaman, *History of Jewish Philosophy*, p. 667.

ao islamismo. Não há crenças que possam ser colocadas em contradição com a razão, mas deveres éticos a cumprir.

Foi após a Revolução Francesa e a independência dos Estados Unidos, no final do século XVIII, que os judeus foram incorporados às sociedades nacionais no Ocidente como cidadãos individualmente, ao mesmo tempo que, contraditoriamente, as comunidades judaicas perdiam seu estatuto de autonomia política que tinham dentro dos reinos medievais e durante o antigo regime. Até aquele momento, os judeus estavam ligados individualmente às suas comunidades locais, que possuíam estruturas e instituições públicas como escolas, casas de banho, tribunais, sinagogas, hospitais e os respectivos funcionários. Eram as comunidades que, como entidades coletivas, respondiam perante os reinos e governos. Após as revoluções do século XVIII e, na Europa ocidental, principalmente após Napoleão, as comunidades judaicas perderam essa autonomia. Dentro da agenda da construção dos Estados nacionais burgueses no Ocidente, naquele momento deixa de ter sentido a manutenção da autonomia das antigas comunidades, os estamentos e as guildas eram vistos como estados dentro do Estado, como resquícios da velha ordem e entraves para o desenvolvimento da plena sociedade burguesa. Na nova organização social, os judeus começaram a ser considerados como indivíduos pertencentes a uma "religião" no sentido ocidental moderno, isto é, como instituição social separada num nicho social específico e, consequentemente, os assuntos judaicos passaram a ser organizados dentro daquelas instituições sociais que, na civilização ocidental, a partir de então, estão ligados à área religiosa. As organizações judaicas foram então definidas como organizações análogas às organizações cristãs, católicas ou protestantes. Na Inglaterra, por exemplo, foi criada a figura do grão-rabino como um equivalente do arcebispo da Cantuária. As antigas *kehilot* (comunidades) judaicas pré-modernas que abarcavam toda a vida e onde não existia separação entre religião e sociedade foram então definidas, *grosso modo*, como congregações religiosas.

Isso significava que o judeu, agora vestido como um cidadão burguês, passava a ser tido como um francês, um inglês ou um alemão de fé mosaica. Durante a semana, no mundo do trabalho, o judeu era um cidadão como qualquer outro que, na privacidade de seu lar ou aos sábados em seus templos, viveria sua religiosidade como israelita, assim como o cidadão católico ou o protestante viveriam de modo análogo sua fé. O judeu passava, assim, a ser definido como o membro de determinada religião que tinha suas crenças e sua mensagem ética específica. A partir dessa época, os judeus começaram a adotar nomes civis como Alberto ou Marcelo e a usar seus nomes judaicos "religiosos", como Ieschaiahu ou Mosché, apenas durante os ritos sinagogais ou nas lápides dos cemitérios. Em outras palavras, as condições da experiência religiosa judaica foram profundamente transformadas.

Dentro desse quadro geral é que surgiram movimentos entre os judeus europeus e americanos que encaravam a Modernidade pós Iluminismo favoravelmente ou com suspeita, e que propunham diversas agendas para o judaísmo em relação às suas noções centrais: Deus, *Torá* e Israel.

A Reforma Judaica, surgida no começo do século XIX, como o nome sugere, advoga uma modernização radical da religião judaica nos moldes da Reforma Protestante cristã. Esse movimento tornou-se muito forte na Alemanha até os anos de 1930 e mesmo hoje tem vitalidade nos Estados Unidos. A Reforma é, de todos os movimentos, aquele que mais claramente tem advogado que os judeus são, antes de qualquer coisa, apenas uma comunidade religiosa. Sua ideologia sustenta que o judaísmo é uma religião em constante mudança. Afirma que judaísmo mudou da época bíblica para a talmúdica e precisa continuar se adaptando aos novos tempos. A Reforma advoga o estudo da *Bíblia* a partir do ponto de vista crítico científico.

Avraham Geiger foi o primeiro teórico da reforma e deu origem à ideia da "revelação progressiva", isto é, a ideia de que a revelação é produto do pensamento judaico através dos tempos, numa progressão evolutiva, e vai depurando o judaísmo de elementos obsoletos. A Reforma europeia tinha um caráter mais moderado que a norte-americana, que tem um caráter mais radical em sua postura de rejeição da *Halakhá*, ou seja, das regras rituais e leis do direito rabínico. Leo Baeck, o líder do movimento reformista-liberal na primeira metade do século XX na Alemanha, e autor do livro *A Essência do Judaísmo*, afirmava que a essência da fé judaica tinha por base valores éticos gerais que deveriam ser interpretados em termos humanistas e não nacionais. Sobre isso, Samuel H. Dresner, um dos mais importantes comentadores da obra de Heschel comenta[8] que, no mundo das comunidades judaicas pós-emancipadas, a rejeição da *Halakhá* tornou-se a palavra de ordem para a Reforma clássica no Ocidente e para os movimentos seculares e iluministas na Europa Oriental. Eles viam a *Halakhá* como sendo repressiva, uma barreira para sua admissão na cultura ocidental, um resíduo fossilizado do passado.

Em oposição à Reforma no espectro judaico, encontra-se na ortodoxia, curiosamente, um termo também moderno e decalcado do cristianismo, usado para designar as correntes que se opuseram à transformação das antigas comunidades onde os judeus viviam separados da sociedade em geral. A ortodoxia não se caracteriza por uma doutrina única. Suas duas alas mais importantes, a ortodoxia moderna, mais moderada, e a ultraortodoxia, mais fundamentalista, pouco têm em comum em termos doutrinários. É por isso que vários autores já propuseram chamar a ortodoxia judaica de "ortopraxia", pois o central, para todos esses grupos, é a manutenção dos ritos judaicos e da *Halakhá* (na acepção de "direito judaico") na vida do dia a dia, com o mínimo de mudança em relação à sua forma anterior ao advento da Modernidade. A ortodoxia aparece como uma sobrevivência do judaísmo medieval nos tempos modernos. Essa crença popular também tem sido posta em xeque nos últimos anos por diversos autores que apontam as várias diferenças entre o judaísmo ortodoxo e as comunidades judaicas medievais, em termos de suas práticas e da flexibilidade do judaísmo medieval em relação à lei judaica[9].

O líder e fundador da ortodoxia mais tradicionalista, Moisés Sofer (Hatam Sofer, 1762-1839), nasceu em Frankfurt. Fundou a maior *ieschivá* desde aquelas das escolas babilônicas e organizou a luta contra a reforma. É atribuída a ele a máxima "*hadasch assur min ha-Torá*" (o novo é proibido pela *Torá*), que declara guerra total, sem concessões, contra a Modernidade. Essa visão

8. *Heschel, Hassidism, and Halakha*, p. 84.
9. D. Golinkin, Mudança, Flexibilidade e Desenvolvimento Dentro da Halachá, *Pardes*, p. 3-5.

extremista é consequência de sua profunda admiração pela literatura rabínica clássica e pelos costumes dos judeus poloneses e alemães do final do século XVIII. Sofer encerrou uma disputa que durou dois séculos sobre qual deveria ser a principal fonte legislativa judaica. Para ele, a submissão total às leis do *Schulhan Arukh*, o código elaborado por Iossef Caro no século XVI, devia ser uma das principais doutrinas da ortodoxia.

Com relação à noção da revelação, a maioria dos pensadores ortodoxos mantém a crença de que a *Torá* é, palavra por palavra, fruto da comunicação divina. A isso podemos chamar de ideia da "revelação verbal". A revelação corporifica-se diretamente no livro sagrado que, portanto, não pode ser sujeito à análise científica como um livro qualquer, pois isso destruiria seu caráter especial e sagrado. Essa crença é mantida não apenas nos círculos ultraortodoxos, onde há pouquíssimo contato com o mundo universitário ocidental, pois mesmo nos círculos ortodoxos moderados, a noção de que o texto bíblico é diretamente a revelação se mantém como elemento central da doutrina ortodoxa. Norman Lamm, que foi reitor da Yeshivah University, em Nova York, um dos bastiões da ortodoxia moderada, propõe unir a academia rabínica à universidade moderna. Robert D. Kaiser cita o argumento de Lamm em *The Condition of Jewish Belief*: Ele assim se manifesta:

> Eu creio que a *Torá* é a revelação divina de dois modos: por ela ter sido dada por Deus e por ela ser divina. Por dada por Deus eu quero dizer que Ele quis que o homem ficasse comprometido com Seus mandamentos e que Sua vontade foi transmitida por determinadas palavras e letras. O homem apreende de vários modos essa vontade divina: pela intuição, inspiração, experiência, dedução e pela instrução direta. A vontade divina, se ela deve ser conhecida, é suficientemente importante para ser revelada da maneira mais direta, inequívoca e sem ambiguidade possível, de modo que essa vontade seja entendida pelo maior número possível de pessoas a quem ela é endereçada. A linguagem, apesar de ser um instrumento tão tosco, é, no entanto, o melhor instrumento de comunicação para a maioria dos seres humanos. Desse modo eu aceito a ideia da revelação verbal da *Torá*[10].

10. *Revelation and Torah: Jewish Views*, disponível em: <http://www.msnusers.com/judaismfaqs/revelationandtorah.msnw >, p. 1.

Temos aí um exemplo clássico da posição ortodoxa. Na Modernidade, essa posição é tida por muitos como a posição tradicional judaica encontrada nos textos mais antigos. Assim, qualquer outra forma de entendimento da revelação seria um desenvolvimento posterior. Imagina-se que a ideia de que Deus falou literalmente a Moisés e aos profetas seja a crença encontrada nas fontes rabínicas originais. Dessa forma, mesmo na ortodoxia moderada, em que a pesquisa científica é permitida e valorizada, seu limite se dá e ela se volta para a crítica bíblica.

No campo intermediário entre esses dois movimentos, começou a tomar forma, desde meados do século XIX, a corrente histórico-positiva que foi depois denominada de judaísmo conservativo (*massorti*). Essa corrente advoga a ideia de que o conceito de judaísmo compreende, ao mesmo tempo, uma religião e uma nação. Para os conservativos, é possível encontrar uma síntese entre a situação moderna e a preservação da identidade judaica como uma identidade ligada concomitantemente à preservação das leis judaicas e seu desenvolvimento nas condições da Modernidade. Diferente da ortodoxia, os conservativos veem a Modernidade como algo positivo e diferente dos reformistas, advogam a necessidade da manutenção da identidade nacional judaica com seus costumes e idioma e da *Halakhá*.

Na segunda metade do século XX, após o Holocausto, com o colapso do socialismo real, a crescente desconfiança com relação à ciência e a crise geral da Modernidade tardia, o radicalismo secular arrefeceu. As correntes judaicas modernizadoras e seculares tenderam a moderar suas objeções à vida tradicional. No entanto, se de um lado um novo respeito pela tradição judaica tem se manifestado, por outro lado, no polo ortodoxo, tem crescido e se expandido um fundamentalismo "halákhico" em Israel e na Diáspora. A ortodoxia moderada, que busca o compromisso para ajustar-se à cultura ocidental, tem perdido terreno para a ultraortodoxia, cujo mote é o repúdio à cultura e aos valores ocidentais. Nesse contexto, a postura de respeito à *Halakhá* tem se tornado cada vez mais rígida.

Não é de surpreender que pensadores judeus do século XIX e do início do século XX tenham despendido tanto esforço em tentar justificar o judaísmo perante a razão iluminista. Alguns seguiram a opinião de Immanuel Kant de que a religião, em geral, e a revelação, em particular, devem ser colocadas sob o escrutínio da razão. A razão, para esses pensadores, estabelece não apenas em que se deve acreditar, mas, sobretudo, o modo como deve ser construída a crença. Atualizando as opiniões de Medelssohn para o neokantismo, no princípio do século XX, o filosofo judeu-alemão Herman Cohen define o judaísmo como a religião da razão, propondo que a revelação seria a descoberta da razão, que teria levado ao desenvolvimento posterior do judaísmo. A noção de revelação é, assim, esvaziada de seus conteúdos irracionais e sobrenaturais. A noção de Lei, em Cohen é, porém mais tênue e, nela, a ética judaica se reduz aos valores universais pós-iluministas.

Diferente da postura racionalista e idealista de Herman Cohen, outro filósofo judeu-alemão, Martin Buber (1878--1965), partiu de uma posição existencialista para pensar a revelação. Para Buber, a revelação no Sinai não se deu por meio de palavras. Naquele evento Deus revelou a si mesmo. As palavras da *Torá* são simplesmente o registro de como aqueles que participaram da revelação no Sinai e outros que vieram depois entenderam sua natureza e implicações. A narrativa da *Torá* é importante porque ela aponta para uma experiência religiosa do encontro com Deus. A descrição da *Torá* daquele evento e os mandamentos são apenas reações humanas diante da experiência religiosa do encontro com Deus. Para Buber, no entanto, ficar limitado apenas às reações dos escritores da *Torá* seria restringir muito a experiência viva do encontro com Deus que cada indivíduo poderia ter. Assim, os modernos não deveriam sentir-se obrigados a cumprir os mandamentos da Lei judaica ou mesmo acreditar em algo específico que a *Torá* ou a tradição posterior explicita sobre Deus. Em vez disso, para Buber, as pessoas deveriam cultivar relações que ele denominava de "eu-tu". Mesmo com Deus, que Buber denomina de Tu Eterno, o mesmo tipo de relação espontânea e humana deveria ser cultivado. Em outras palavras, para Buber, a revelação é antes de qualquer coisa um evento individual a respeito do qual é compartilhado nosso entendimento da experiência, mas não a experiência em si.

Outro filósofo do judaísmo de origem alemã, Franz Rosenzweig (1886-1929), concordava com seu amigo Buber no sentido de que revelação não é algo que se dê por intermédio de palavras, mas aquilo que os seres humanos aprendem na experiência religiosa dos encontros com Deus. Como Rosenzweig afirma, "Tudo aquilo que Deus revela na revelação é a revelação, ela mesma... Ele não revela nada além de Si mesmo ao homem"[11]. A *Torá* seria, assim, o registro de um encontro com Deus, porém o judeu está obrigado a guardar os mandamentos que ele consegue cumprir, pois eles expressam um compromisso em atos com o evento da revelação. Rosenzweig ressalta que os judeus não são livres para escolher quais mandamentos querem cumprir e quais não querem, ao contrário, eles são obrigados a fazer tudo aquilo que podem. Quando uma pessoa está doente ou sem condições de cumprir certos mandamentos, nesse caso, justifica-se ser leniente, mas isso já é previsto mesmo pela Lei judaica tradicional. A novidade de Rosenzweig é que, para ele, não são apenas os impedimentos físicos, mas também os psicológicos que devem ser levados em consideração. A habilidade de cada um para guardar os mandamentos da *Torá* é, para esse filósofo, função da habilidade de cada um para sentir-se comandado por Deus.

Tanto Buber quanto Rosenzweig redefinem a audiência da revelação como sendo o judeu individual e não o povo judeu como um todo. Ambos redefinem a substância da revelação como sendo o encontro com Deus, em vez de leis e crenças específicas que a *Torá* e a tradição posterior interpretaram daquele evento. No entanto, eles discordaram quanto às implicações do registro que a *Torá* faz daquele evento para os judeus modernos. Para Buber, nós somos apenas informados de que a experiência da revelação, o encontro entre o humano e o divino é possível. Para Rosenzweig, por outro lado, o evento do Sinai nos compromete a observar e guardar a Lei judaica tradicional na extensão de nossa possibilidade, como um compromisso transgeracional do judeu moderno com aquele evento fundador.

11. *On Jewish Learning*, p. 87.

REVELAÇÃO EM HESCHEL E *TORÁ MIN HA-SCHAMAIM*

Segundo Heschel:

> Se outras religiões podem ser caracterizadas como uma relação entre o homem e Deus, o judaísmo deve ser descrito como uma relação entre o homem e a *Torá*. O judeu nunca se coloca sozinho na presença de Deus; a *Torá* está sempre com ele. Um judeu sem a *Torá* é obsoleto[12].

A ideia de revelação é assim axialmente importante e central para a experiência religiosa judaica, pois, sem o texto revelado, não há judaísmo ou, como escreveu Gillman[13], sem a noção de revelação o judaísmo se reduz a uma questão de cultura e folclore. No entanto, na Idade Contemporânea, profecia e revelação foram tidas ou como literalidade dura ou como imaginação religiosa caduca.

O judaísmo moderno, em especial após o Iluminismo e a emancipação dos judeus nos Estados modernos, diversificou-se numa profusão de correntes e diferentes posições com relação aos temas centrais do pensamento religioso. Consideradas todas as correntes de pensamento representadas pelos pensadores citados, vê-se que disso não resulta nenhuma possibilidade de sistematização de uma teologia judaica na Modernidade. As diferentes posições são em vários casos bastante divergentes, ainda que seja possível encontrar temas em torno dos quais gira o debate judaico. No caso da revelação e da origem do texto sagrado, os conteúdos propostos pelos diversos pensadores não criam uma unidade teológica.

Quando, então, se pergunta qual seria a posição rabínica original, uma tentação seria responder que com a ortodoxia, ou dentro do escopo da ortodoxia contemporânea, estariam, de fato, as posições tradicionais judaicas. Por "tradicional" subentenda-se também a mais legítima. As outras posições, ainda que muito sofisticadas, são entendidas como desvios menos legítimos da literatura tradicional bíblica ou até mesmo rabínica.

12. *Deus em Busca do Homem*, p. 215.
13. *Fragmentos Sagrados*, p. 33.

Mas qual seria a posição teológica rabínica original? Haveria tal posição? É em torno dessa questão que Heschel escreveu aquele que se tornou o menos conhecido livro de sua obra *Torá min ha-Schamaim be-Aspaklaria schel ha-Dorot* (e que por uma questão de concisão será referido doravante pela sigla TMH). Um livro em três volumes, escrito completamente em hebraico, saturado de palavras do jargão rabínico. Nessa obra, Heschel se propõe a expor sua interpretação do pensamento rabínico do período talmúdico e medieval. Fazendo uma comparação entre TMH e *Deus em Busca do Homem*, é possível afirmar que este último é seu livro mais conhecido, tendo se tornado uma referência tanto nos círculos judaicos como em diversos círculos de intelectuais cristãos. *Deus em Busca do Homem* é uma obra densa e pontilhada de notas de rodapé e referências geralmente tiradas da literatura rabínica. No entanto, seu estilo poético e inspirado torna-o leitura bastante agradável, o que lhe deu ampla repercussão. Nele, Heschel trava um diálogo com o homem moderno e secularizado, convidando-o para dar o salto de ação e abrir-se para a consciência religiosa. Conforme afirma Glória Hazan[14], ali Heschel desenvolve uma filosofia da religião judaica que se orienta no sentido de uma filosofia da experiência religiosa do judeu[15].

TMH é, por outro lado, o livro mais "esotérico" escrito por Heschel. Esotérico não no sentido de místico ou teosófico, mas de ser acessível apenas aos raros "iniciados" na literatura rabínica. Em primeiro lugar, existe a barreira do hebraico que restringiu sua leitura a muito poucos, ao longo de mais de quarenta anos. Por que teria Heschel escrito em hebraico? Nos seus escritos filosóficos, ele escreveu principalmente na língua dos círculos intelectuais universitários em que vivia: em alemão, durante seu período como intelectual na Alemanha, nos anos 1930, e em inglês, a maior parte de sua obra durante o período como professor nos Estados Unidos da América. Em hebraico, por outro lado, apesar de TMH, o montante de seus escritos é muito pequeno. O acesso a essa obra é ainda hoje muito restrito, não só devido ao idioma como por conter muitos termos

14. *Filosofia do Judaísmo em Abraham Joshua Heschel.*
15. Durante a defesa de mestrado de Glória Hazan na PUC-SP, em 2007, o professor Franklin Leopoldo e Silva fez uma breve afirmação no mesmo sentido.

e expressões rabínicas e citar em profusão obras da literatura rabínica do período talmúdico (final da Antiguidade) e produções medievais. Heschel, que começou sua carreira como poeta místico, escreveu nos anos 1950 sobre a importância da palavra. Para ele escolher a língua em que escreveu TMH foi certamente algo calculado[16].

Uma análise da dignidade das palavras à luz do próprio Heschel é reveladora. Em seu livro *Man's Quest for God*, de 1954, que foi publicado no Brasil com o título de *O Homem à Procura de Deus* (1974), cujo tema é a oração, Heschel faz uma interessante descrição do que as palavras significam para ele. No capítulo "A Pessoa e a Palavra", afirma que a natureza da palavra é a de ser um veículo de manifestação do poder do espírito. Nesse capítulo, o autor escreve: "Nunca seremos capazes de entender que o espírito se revela em forma de palavras, se não descobrirmos a verdade vital de que a fala tem poder, que as palavras são um compromisso"[17]. Heschel pensa que a palavra, uma vez pronunciada ou escrita, tem a força de um voto, pois ela é mobilizadora. A palavra, para Heschel, é mais do que uma combinação de sinais ou letras; as letras são unidimensionais e só têm a função de representar os sons; por outro lado, as palavras têm plenitude e profundidade, são multidimensionais. A palavra tem, a seu ver, uma realidade própria objetiva.

A hipótese mais provável é que Heschel teria escrito esse livro para dialogar com círculos ortodoxos acadêmicos e com os rabinos, talmudistas e *scholars* que circulavam ao redor do Jewish Theological Seminary de Nova York e dos departamentos de *Talmud* e filosofia de outros seminários rabínicos e universidades americanas, israelenses e uns poucos centros europeus. Nesses locais encontra-se um público erudito tanto na literatura e no pensamento rabínicos quanto na cultura ocidental. Sobretudo, Heschel escreve esse livro para os rabinos e filósofos do judaísmo moderno que tenham uma formação ao mesmo tempo universitária e tradicional.

A intenção do filósofo, nesse caso, seria a de mostrar por um lado a interconexão profunda entre *Halakhá* e *Agadá*, entre

16. Sobre a importância da palavra e da linguagem para Heschel ver A. Leone, *A Imagem Divina e o Pó da Terra*.
17. *O Homem à Procura de Deus*, p. 43.

a parte legalista e a parte teológica e ética da literatura rabínica desde a formação do judaísmo rabínico, além de sublinhar a importância e a sofisticação da *Agadá* como meio de acesso ao pensamento rabínico no campo dos debates teológicos, demonstrando, assim, o quanto as correntes modernas do judaísmo são herdeiras dos primeiros rabinos. Certamente, Heschel pensava em contribuir para, e influenciar, o debate contemporâneo a respeito da essência da experiência religiosa judaica autêntica.

O título do livro TMH já se mostra complexo. Na contracapa dos dois primeiros volumes da obra editada pela Soncino Press, há um título em inglês: *Theology of Ancient Judaism* (*Teologia do Judaísmo Antigo*); título simples cujo único problema seria apreender o que o autor entende por judaísmo antigo. Logo a leitura indica que Heschel está focando no judaísmo rabínico do final da Antiguidade e da época medieval. O problema é que esse título é muito diferente do título hebraico, que não se mostra tão simples e direto. O título hebraico é muito mais complexo, visto que a obra foi escrita nesse idioma, mas, para ser entendido, ele deve ser "destrinchado".

Torá min ha-Schamaim. O que é *Torá*? A leitura da obra mostra que o termo pode ter vários sentidos que Heschel discutirá ao longo de sua argumentação, o que será tratado mais para a frente. Inicialmente, poderíamos afirmar que aqui ela se refere à *Bíblia Hebraica*. Para a tradição judaica, a *Bíblia Hebraica* (o chamado *Antigo Testamento* cristão) é conhecida como *Mikrá*, termo que significa algo como "literatura". A designação mais comum, em uso hoje em dia, é *Tanakh*, palavra que é, ao mesmo tempo, uma sigla que designa três coleções diferentes de escritos: o Pentateuco (ou *Torá*), os Profetas (ou *Neviim*) e os Escritos de Sabedoria (ou *Ketuvim*), formando um conjunto de 24 livros. Essas coleções foram canonizadas na época do Segundo Templo, entre os períodos persa e helenístico, tornando-se a parte central da tradição escrita. *Stricto sensu*, inicialmente *Torá* aplica-se apenas ao Pentateuco, mas já na época dos primeiros rabinos, entre os séculos I e II da era comum, podia ser aplicado ao conjunto inteiro da *Bíblia Hebraica*.

As traduções possíveis de *min ha-Schamaim* são "do céu", "celeste" ou "vinda dos Céus". *Torá min ha-Schamaim*, no jargão rabínico, refere-se, assim, como já foi visto, à noção da revelação. Em hebraico moderno usa-se atualmente *hitgalut* para "revelação", no entanto, esse termo nunca aparece na literatura rabínica. *Torá min ha-Schamaim* é a forma rabínica por excelência que conecta diretamente a revelação e o texto bíblico, gerando uma série de feixes de sentido que Heschel discutirá e que serão abordados em outros capítulos deste estudo de sua obra.

Aspaklaria é outro termo interessante. Essa palavra, que significa "espelho" ou "lente", não seria entendida pelo israelense atual mediano. A palavra que vem do latim *speculum* é uma das várias palavras estrangeiras usadas no jargão rabínico[18], demonstrando a influência da cultura grego-romana em Israel durante o início do período rabínico nos séculos I e II da era comum. A palavra *aspaklaria* é usada na literatura rabínica em conexão com a profecia, pois, para os rabinos, os profetas nunca tinham uma experiência direta da Presença Divina, ela se dava através de "lentes". Em Heschel, o termo também se refere aos pontos de vista, às lentes da experiência religiosa.

Finalmente, *dorot*, em hebraico, significa "gerações". Heschel claramente vai usar o termo para se referir às sucessivas gerações de sábios debatedores desde os primeiros séculos do judaísmo rabínico e através do medievo, até os séculos XVIII e XIX. Nesse livro e ao longo de sua obra, Heschel faz uso da literatura rabínica de modo muito abrangente.

A tradução do título hebraico do livro *Torá min ha-Schamaim be-Aspaklaria schel ha-Dorot* seria, então, *A Torá Vinda do Céu (Revelada) Apreendida Através das Lentes das Gerações de Sábios (Rabinos)*. Titulo que, por sinal, traz uma dinâmica que o simples título em inglês não consegue captar. Em recente tradução, a primeira, aliás, feita em 2004, o tradutor e comentarista Gordon Tucker traduz o título como *Heavenly Torah as Refracted Throught the Generations*. Essa publicação, que não é completa, às vezes está mais próxima de uma paráfrase do que de uma tradução, apesar de ser comentada e de ter sido o resultado de um esforço de muitos anos que, certamente, ajudará a divulgar o livro em círculos para os quais o hebraico rabínico seria uma barreira.

18. Geralmente encontra-se muito mais palavras aramaicas, gregas e persas que adentraram no hebraico rabínico nesse período.

TMH foi um verdadeiro *tour de force* por parte de Heschel em sua tentativa de pôr em forma de diálogo o pensamento judaico moderno e o rabínico antigo e medieval em torno de uma série de conceitos religiosos judaicos que orbitam a noção de *Torá min ha-Schamaim*, isto é, de um texto sagrado revelado e suas implicações para a crença e a prática judaica.

O primeiro volume, denominado *Darkei ha-Makhschavá bi-Tikufat ha-Tanaim* (Tipos de Pensamento no Período dos Tanaim – ou Tanaítas[19]), começa onde termina o livro *Deus em Busca do Homem*: a diferença, a complementaridade e a importância dos dois gêneros desenvolvidos na literatura rabínica, o legalista, voltado para a prática religiosa, a *Halakhá*, e a narrativa de cunho teológico e ético, a chamada *Agadá*. Heschel, então, volta-se para a *Agadá* em busca dos tipos de pensamento nela contidos. *Tanaim*, plural de *Taná*, é o nome dado às primeiras gerações de rabinos que são mencionados como os sábios da *Mischná*, do início do século III EC. Sabe-se há muito que, desde desse período, existiram escolas diferentes de *Halakhá*, por exemplo, as de Hilel e Schamaim. Heschel defenderá a existência de dois paradigmas de pensamento rabínico no tocante às questões teológicas: as escolas de Rabi Akiva e de Rabi Ischmael. uma de inclinação mística e outra de inclinação racionalista. Esses dois paradigmas são entendidos como os dois polos da tensão viva do pensamento rabínico desde seu início através das gerações.

No segundo volume, denominado *Torá mi-Sinai ve-Torá min ha-Schamaim* (A *Torá* do Sinai e a *Torá* dos Céus), Heschel aborda os diferentes conceitos de revelação e, portanto, de *Torá* e profecia que dominaram o pensamento rabínico desde o período dos *tanaim* e através da Idade Média. Trabalhando sempre com polaridades dialéticas, fará surgir daí um quadro complexo e multicolorido do pensamento rabínico tradicional, que não fechará em uma teologia sistemática e sim uma dialética teológica tensa e dinâmica.

No terceiro volume, denominado *Eilu ve-Elilu Divrei Elohim Haim* (Estas e Aquelas São as Palavras do Deus Vivo), Heschel procura tirar do próprio pensamento rabínico tradicional um paradigma para explicar a verdade de diferentes

19. Forma abonada pela Academia Brasileira de Letras.

modos de pensar, que, apesar de divergentes, não se excluem, mas que também não podem ser reduzidos a um só. Nessa tarefa, Heschel revelará muito do seu próprio paradigma de pensamento filosófico e religioso que já podia ser intuído do conjunto de sua obra. Trata-se, também, de uma interessante resposta às diferenças de correntes de pensamento judaico na Modernidade. No final desse volume, Heschel volta, numa oitava acima, à questão das relações entre *Halakhá* e *Agadá* e expõe sua teoria da prática religiosa no judaísmo.

Está escrito no salmo lido durante a liturgia de Halel: "*Even maasu ha-bonim aitá le-rosh pina*", ou seja, "A pedra que os construtores rejeitaram tornou-se a pedra angular" (*Sl* 118, 22). O livro mais desconhecido de Heschel é, na verdade, um de seus livros mais importantes.

2. Agadá **e** Halakhá: **Teologia e Lei na Experiência Religiosa Judaica**

A BASE DUAL DA *TORÁ*

Heschel começa *Torá min ha-Schamaim be-Aspaklaria schel ha-Dorot* com a afirmação

על שני דברים התורה עומדת: על ההלכה ועל האגדה.

A *Torá* se sustenta sobre duas *bases*: sobre a *Halakhá* e sobre a *Agadá*[1].

O autor refere-se à tradicional distinção da *Torá* em dois grandes campos, existente na literatura rabínica: o campo da lei, voltado para a conduta humana, e o campo da narrativa teológico-sapiencial e da visão religiosa de mundo, voltado para a contemplação da ação divina. A *Halakhá*, da raiz hebraica הלכ hlkh, que tem o sentido de "andar" ou "conduzir-se", diz respeito, nessa citação, àquelas partes da *Torá* de natureza legal oriundas da *Torá* Escrita, isto é, do *Pentateuco* e de outras partes da *Bíblia Hebraica* ou da tradição oral[2] contida em obras como a *Mischná*,

1. TMH, v. 1, p. 1. (São nossas todas as traduções de textos em hebraico e aramaico.)
2. Ou *Torá Oral* como é conhecida na literatura rabínica.

o *Talmud* e nas coleções de *Midrasch Halakhá*. Essa tradição oral alargou-se muito a partir da Idade Média com a incorporação da *Responsa* (Correspondência Jurídica) rabínica, que se constituía do processo de codificação e dos comentários halákhicos ao *Talmud* e aos códigos compilados por sábios de diversos períodos. Por *Halakhá* pode-se entender tanto o inteiro corpo do sistema jurídico judaico como uma lei em particular.

O outro grande campo, a *Agadá* (da raiz hebraica אגד ("a"gd), "narrar", "explicar") refere-se àquelas partes da *Torá*, escrita ou oral, de natureza narrativa não legalista. A *Agadá* corresponde aos ensinamentos sob a forma de homilias, anedotas, parábolas e narrativas voltadas para assuntos de caráter teológico, ético, místico e sapiencial não legal. As diversas coleções de comentários bíblicos do *Midrasch Agadá* e as lendas contidas no *Talmud* constituem a parte central desse vasto gênero. Essa é a *Agadá* em sentido estrito. A *Agadá*, no entanto, também pode admitir um sentido mais amplo, se forem acrescentadas a essas coleções dos primeiros rabinos (conhecidos em hebraico pela sigla hazal[3]), obras como o *Sefer Ietzirá*, o *Bahir* e o *Zohar* – que são verdadeiros comentários medievais místicos à *Torá* –, os livros filosóficos, como o *Livro das Crenças e Opiniões*, de Saadia Gaon; *Os Deveres do Coração*, de Bahia ibn Pakuda; *O Kuzari*, de Iehuda Halevi; *O Guia dos Perplexos*, de Maimônides; os comentários ao texto bíblico feitos por rabinos medievais como Raschi, Raschban, Ibn Eza, David Kimhi, entre outros; as lendas e ditos dos mestres hassídicos e muitos outros escritos que perfazem uma vasta literatura. É exatamente essa noção mais alargada de *Agadá* que é usada por Heschel em TMH. A *Agadá* é, assim, a "narrativa teológico-sapiencial" que expressa o pensamento religioso tradicional rabínico.

A afirmação hescheliana sobre a dupla sustentação da *Torá* é também paráfrase de máxima famosa da tradição rabínica atribuída a Simão, o Justo, que diz que "o mundo se sustenta sobre três coisas: sobre a *Torá*, sobre o serviço dedicado a Deus e

3. Hazal, sigla para a expressão *hakhameinu zikaron levrakhá*: nossos sábios de bendita memória. Expressão que é aplicada aos rabinos que são citados nos textos do período talmúdico das primeiras gerações, chamados *tanaim* (séc. I A.E.C.-séc. II E.C.) e *amoraim* (séc. III E.C.-séc. VI). Daí a expressão *sifrut hazal* para fazer referência à literatura talmúdica.

sobre as boas ações" (*Mischná Avot* 1:2). A diferença está, como bem lembra Gordon Tucker[4] em uma de suas palestras, em que algo que se sustenta sobre três pernas está num equilíbrio estático, pois três pontos delimitam um plano e dificilmente poderia ser derrubado ou movido; por outro lado, sustentar-se sobre duas pernas gera uma situação muito mais instável, que só se resolve num equilíbrio dinâmico. Ao afirmar que a *Torá* se sustenta sobre essas duas pernas, Heschel, indiretamente, aponta para um equilíbrio tenso na sua estrutura. A experiência religiosa judaica, segundo Heschel, teria, assim, como traço particular, essa dinâmica tensa entre os opostos da lei e do rito (*Halakhá*) e da fé e do mito (*Agadá*). Essa é, como será demonstrado mais adiante, ela mesma uma tensão dialética. Heschel, portanto, inicia seu livro apontando para a natureza dialética da *Torá*.

Como já foi apontado, TMH tem início no mesmo ponto em que seu autor conclui o livro *Deus em Busca do Homem*: a inter-relação da ação e da fé do ponto de vista judaico. Essa relação entre seu livro mais conhecido e o mais desconhecido tem passado despercebida. É interessante observar como esses dois livros dirigidos a públicos tão diferentes têm uma forte relação subliminar. Ambos são subdivididos em três grandes partes, há neles um profundo trabalho de citação de textos rabínicos e ambos se voltam para o que Heschel crê serem as questões religiosas fundamentais do ponto de vista de sua filosofia da religião e de sua filosofia do judaísmo. Na terceira parte de *Deus em Busca do Homem*, referindo-se à relação entre a *Halakhá* e a *Agadá*, Heschel escreve:

> Tomados abstratamente, todos esses termos parecem ser mutuamente exclusivos, não obstante na vida real eles envolvam um ao outro; a separação dos dois é fatal para ambos. Não há *Halakhá* alguma sem *Agadá*, e não há *Agadá* alguma sem *Halakhá*. Não devemos menosprezar o corpo, nem sacrificar o espírito. O corpo é a disciplina, o padrão, a lei; o espírito é uma devoção íntima, espontânea, livre. O corpo sem espírito não tem vida; o espírito sem o corpo é um fantasma. Desse modo uma *mitzvá* é tanto disciplina

4. Em palestra proferida na convenção anual, de 2005, da Rabbinical Assembly registrada em CD de áudio.

como inspiração, um ato de obediência e uma experiência de gozo, um jugo e uma prerrogativa. Nossa tarefa é aprender a manter a harmonia entre as exigências da *Halakhá* e o espírito da *Agadá*"[5].

Heschel faz esse mesmo tipo de afirmação e de comparação entre a *Halakhá* e a *Agadá* na introdução de TMH. Como é típico do estilo de composição de seu discurso, nesse livro cita um *midrasch* encontrado no *Sifrei*[6], uma coletânea de *agadot* da literatura rabínica, para construir sua comparação entre a importância da *Halakhá* e da *Agadá*:

דבר אחר ירכיבהו על במתי ארץ, זו תורה שנאמר +משלי ח כב+ ה' דבר אחר ירכיבהו על במתי ארץ, זו תורה שנאמר +משלי ח כב+ ה' קנני ראשית דרכו. ויאכל תנובות שדי, זה מקרא. ויניקהו דבש מסלע, זו משנה. ושמן חלמיש צור, זה תלמוד. חמאת בקר וחלב צאן עם חלב כרים, אלו קלים וחמורים וגזירות שוות ודינים ותשובות. עם חלב כליות חטה, אלו הלכות שהן גופה של תורה. ודם ענב תשתה חמר, אלו הגדות שהם מושכות

Outra interpretação "fê-lo subir sobre os altos da terra" esta é (uma referência) à *Torá* como está (dito) escrito "YHWH me possuiu no princípio de seus caminhos" (*Pv* 8, 22); "e comer os frutos do campo", essa é [uma referência] à *Bíblia* (*Mikrá*); "e o fez chupar mel da rocha" essa é [uma referência] à *Mischná*; "e azeite da dura pederneira" essa é [uma referência] ao *Talmud*; "manteiga de vacas, e leite de ovelhas, com a gordura dos cordeiros e dos carneiros que pastam", essa é [uma referência] às decisões judiciais lenientes e severas, às analogias entre versículos, às decisões judiciais e aos pareceres dos sábios. "Com o mais escolhido trigo como a gordura dos rins" essa é [uma referência] à *Halakhá* que é o corpo [a substância] da *Torá*. "E o vinho de uva, semelhante ao sangue bebeu", essa é [uma referência] à *Agadá* que atrai o coração do ser humano. (*Sifrei*, Piska 17)

De acordo com esse *midrasch*, a propósito de comentar alguns versículos do capítulo 32 de *Deuteronômio* (*Sidrá Haazinu*), o autor tece uma interpretação quase poética da unidade e da multiplicidade da *Torá*, segundo os rabinos. A *Torá* é o princípio que se manifesta na multiplicidade do gêneros da literatura rabínica. A tradição, escrita e oral, é louvada em diversas

5. *Deus em Busca do Homem*, p. 429.
6. Coletânea de *midraschim* do período tanaítico (séc. II-III) que reúne os ensinamentos de rabi Ischmael e rabi Akiva e comenta os livros bíblicos de *Números* e *Deuteronômio*.

expressões dos versículos bíblicos, culminando com um louvor e a comparação entre a *Halakhá*, que é como a substância, em hebraico rabínico o "corpo", e a *Agadá*, que é "sangue", uma referência bíblica à alma e à vida.

Essa imagem da *Halakhá* como sendo o corpo e a *Agadá* o espírito da *Torá* e, portanto, da experiência religiosa judaica, remete em Heschel à ideia de que, quando elas são separadas na vida religiosa, o judeu passa a ter uma existência lacunosa. Tal como o sentido de *nefesch* no hebraico bíblico reúne numa só entidade – a pessoa viva – as duas dimensões, espiritual e carnal, da mesma forma, para Heschel, o judaísmo torna-se lacunoso e mutilado quando reduzido a um só desses elementos. A ação religiosa, corporificada na imanência dos deveres rituais e na observância diária dos mandamentos (*mitzvot*), segundo ele, deve estar ligada àquilo que em si mesmo não é ritual, disciplina ou observância, mas sim uma abertura ao transcendente que fala ao coração.

Em TMH, Heschel continua sua interpretação: "Assim como a *Halakhá* é o corpo (*gufa*) da *Torá*, da mesma forma a *Agadá* é sua fundação (*iessod*). Se as fundações são demolidas, qual seria a razão para a atividade dos mestres da *Halakhá*?"[7]. Tucker, em seu comentário à Heschel, explica acerca dessa passagem em TMH que a palavra hebraica usada para "corpo" significa também "essência", além de "substância" no jargão rabínico talmúdico[8]. Assim, a *Halakhá* seria a essência e a substância da *Torá*, aquilo que a ancora ao mundo. Por outro lado, a palavra hebraica para "fundação" usada por Heschel – *iessod* – também é utilizada no *Zohar*, tão conhecido e citado diversas vezes por Heschel em seus escritos, no sentido de algo que tem a capacidade de gerar, germinar, dar vida, e acumula, ainda, o sentido de "base anterior à existência". Dessa forma, para a construção do edifício da vida judaica, que são as paredes da vida religiosa, é necessária uma fundação que é de outra ordem, menos visível e interior.

Em estilo poético, Heschel continua, em TMH, sua comparação entre a *Halakhá* e a *Agadá*:

"כוח וגבורה בהלכה, הן וחסד באגדה. ההלכה קולה בכוח, קולה שובר ארזים, האגדה – קול דממה דקה. ההלכה כזרם מים כברים, האגדה רוח האלוקים המרחפת על פני המים.

7. TMH, v. 1, p. x.
8. *Heavenly Torah*, p. 1.

Na *Halakhá* há poder e vigor, na *Agadá* há graça e amor. A *Halakhá* tem a voz da força, sua voz quebra os cedros, a *Agadá* tem uma voz suave e contínua. A *Halakhá* é como a forte correnteza das águas, a *Agadá* é o espírito de Deus pairando sobre as águas[9].

Nessas palavras de Heschel há uma referência à comparação entre a *Halakhá* e a *Agadá* feita no princípio do século XX pelo poeta Haim Nakhman Biálik, em sua introdução à antologia sobre a *Agadá*, publicada com o título de *Sefer ha-Agadá* (em inglês *The Book of Legends*). Nessa introdução, Bialik refere-se às duas como:

להלכה – פנים זועפות, לאגדה – פנים שוחקות. זו קפדנית, מחמרת, קשה כברזל – מדת הדין; וזו ותרנית, מקילה, רכה משמן – מדת הרחמים. זו גוזרת גזרה ואינה נותנתה לשעורים: הן שלה הן ולאו שלה לאו; וזו יועצת עצה ומשערת כחו ודעתו של אדם: הן ולאו ורפה בידה. זו – קלפה, גוף, מעשה; וזו – תוך, נשמה, כוונה. כאן אדיקות מאובנת, חובה, שעבוד; וכאן התחדשות תמידית, חרות, רשות.

A *Halakhá* é a face severa, a *Agadá* é a face branda. Aquela é pedante, estrita, dura como o ferro – o aspecto do julgamento; essa, elegante, leniente, mais suave do que o azeite – o aspecto da misericórdia. Esta decreta decretos que têm uma medida precisa, seu sim é sim e seu não é não; e aquela aconselha conselhos que enriquecem a força e a sabedoria do ser humano: o sim e o não escorregam por suas mãos. Esta é casca, corpo e atos; aquela é conteúdo, alma e intenção. Aqui, devoção rígida, obrigação, que escraviza; lá, renovação constante, liberdade, escolha[10].

A semelhança da linguagem de Heschel e Biálik sugere que o filósofo se inspirou no poeta e que ambos receberam o influxo da literatura rabínica para tecer uma comparação em que a *Halakhá* e a *Agadá* são percebidas como opostas e complementares na experiência religiosa judaica. Em sua dimensão de religião do mandamento (*mitzvá*), o judaísmo se apresenta como busca constante da conduta correta como a via de aproximar o ser humano de Deus. Por outro lado, essa também é a religião da busca constante de uma espiritualidade voltada para a intenção e

9. TMH, v. 1, p. I.
10. *Hagadá ve-Agadá: Sefer ha-Agadá*, p. 1.

a interioridade. A experiência religiosa judaica apresenta, assim, para Heschel, duas dimensões que se entrelaçam:

> O Pensamento e a vida judaicos só podem ser adequadamente compreendidos em termos de um padrão dialético, que contenha propriedades opostas e contrastantes. Como um magneto, cujas extremidades têm qualidades magnéticas opostas, estes termos são opostos um ao outro e exemplificam uma polaridade que existe bem no âmago do judaísmo, a polaridade de ideias, eventos, de *mitzvá* e pecado, de *kavaná* e obra, de regularidade e espontaneidade, de uniformidade e individualidade, de *Halakhá* e *Agadá*, de lei e natureza íntima, de amor e temor, de compreensão e obediência, de gozo e disciplina, do bom e do mau caminho, de tempo e eternidade, deste mundo e do mundo porvir, de revelação e resposta, de *insight* e informação, de empatia e informação, de empatia e autoexpressão, de credo e fé, da palavra e daquilo que está além das palavras, da indagação do homem por Deus e da busca de Deus pelo homem[11].

Heschel é aqui muito claro em sua afirmação de que a experiência religiosa judaica encontra-se numa situação de tensão dialética entre polos antitéticos que se movem em direções opostas. Para ele, o equilíbrio só pode ser sustentado "se ambos tiverem força equivalente"[12]. Essa, contudo, é uma condição difícil de ser alcançada, o que gera uma enorme tensão na vida do judeu religioso. Para Heschel, essa tensão não está apenas na vida religiosa, mas na realidade como um todo, pois conforme afirma, o *Zohar* chama este mundo de "*alma de peruda*", o mundo da separação, onde discórdia, ambivalência e ambiguidade afligem toda a vida. Para Heschel, a realidade é dialética, e é por isso que a experiência religiosa também se dá desse modo. Mesmo no campo da *Halakhá* e da *Agadá*, os sábios muitas vezes discordaram.

PAN-HALAKHISMO

Essa apresentação hescheliana da dialética da *Torá* insere-se no debate moderno que busca definir a essência do judaísmo.

11. *Deus em Busca do Homem*, p. 429.
12. Idem, ibidem.

Novamente, aqui, a leitura de TMH é clarificada por *Deus em Busca do Homem*. Em ambos os livros, Heschel atribui a Baruch de Spinoza (séc. VXII) e depois a Moses Mendelssohn (séc. XVIII) a noção moderna de que o judaísmo poderia ser reduzido a um sistema jurídico comunitário de leis religiosas. *Em Deus em Busca do Homem*, os seguidores dessa concepção, que atribui ao judaísmo o caráter de ser antes de tudo Lei e que, portanto, veem a observância do sistema de normas rituais e sociais como o centro da vida e da experiência religiosa judaicas são chamados de "behavioristas religiosos". Segundo Heschel, "os expoentes do behaviorismo religioso declaram que o judaísmo é uma religião de lei, não uma religião de fé, que fé nunca foi encarada pelo judaísmo como algo que tivesse mérito próprio"[13].

Tanto em *Deus em Busca do Homem* como em TMH, ele concede que a tradição rabínica já manifesta, desde o final da Antiguidade, entre suas várias correntes, algumas posturas que levaram à tendência de desvalorizar a *Agadá*. Em TMH, Heschel afirma que essa tendência de desvalorização é mais visível em passagens do *Talmud Babilônico* ou em passagens do *Talmud de Jerusalém*, onde há referências a mestres vindos da Babilônia. O rabi Zeira, um sábio vindo daquele país, proclamou que os livros da *Agadá* eram livros de feitiçaria[14]. Em outra ocasião, Zeira teria dito a um discípulo: "Jeremias, meu filho, desista da *Agadá* e se fortaleça com a *Halakhá*, pois ela é melhor do que qualquer coisa. Não dê à sua alma nada, exceto *Halakhá*"[15].

Nem todos os rabinos babilônicos foram tão longe assim; vários desses sábios compararam a *Agadá* a uma mera guarnição, e a *Halakhá* ao prato principal ou a *Agadá* ao vinho que deleita o coração, enquanto a *Halakhá* seria a refeição nutritiva. Por outro lado, Heschel argumenta que as mais antigas coleções de *Midrasch Agadá*, como o *Gênese Rabá*[16], o *Levítico Rabá*, *Lamentações Rabati* e também a maioria dos ditos agádicos

13. Idem, p. 415.
14. TMH, v. 1, p. XIII.
15. Idem, ibidem.
16. O *Midrasch Rabá* do qual fazem parte *Gênese Rabá* e *Levítico Rabá* é a mais clássica coletânea de *midraschim* pós-tanaíticos que incluem *midraschim* sobre os cinco livros do *Pentateuco* e as cinco *Meguilot* (*Cântico do Cânticos*, *Rute*, *Lamentações*, *Eclesiastes* e *Ester*).

encontrados no *Talmud Babilônico* seriam oriundos da Terra de Israel, onde a atitude para com a *Agadá* seria completamente oposta. Para esses sábios vindos de Israel, como o rabi Dimi, a *Halakhá* seria comparada com a comida, e a *Agadá*, com a água: "O mundo pode sobreviver sem vinho, mas não pode sobreviver sem água"[17]. Heschel aponta para o contraste entre as escolas babilônicas e as escolas da terra de Israel na discussão sobre a atitude de cada uma delas em relação às *mitzvot*[18]: Segundo o rabi Simão, *amorá* da terra de Israel, "a performance das *mitzvot* requer intenção", por outro lado, segundo Rava, *amorá* da Babilônia, "a performance das *mitzvot* não requer intenção"[19].

Na Idade Média, com a centralidade que passou a ter o *Talmud Babilônico*, tal atitude teria perdurado em certos círculos, levando muitas vezes ao surgimento de afirmações de sábios livros escritos para promover e estimular a religião da fé. Heschel fala de Maimônides, que teria feito a distinção entre a sabedoria da *Torá*, a *Halakhá* e a verdadeira sabedoria da *Torá*, que é baseada nas crenças e opiniões. Para Maimônides, as leis são meramente uma preparação para guardar e fortalecer as convicções religiosas.

Heschel nomeia outro famoso sábio que se preocupou com essa questão, Bahia ibn Pakuda (séc. XI), autor do famoso tratado *Os Deveres do Coração*, em que o autor advoga a suprema importância da reflexão sobre temas de fé como sendo o fundamento de todas as *mitzvot*. Finalmente, Heschel cita Baal Schem Tov (séc. XIX), o fundador do hassidismo, como alguém que sublinhou a importância da *Agadá* para o fortalecimento do coração. Note-se que Heschel, originário do hassidismo, afirmou expressamente em seus escritos que Baal Schem Tov foi um dos mestres que mais o influenciaram.

Para Heschel, a ideia de um judaísmo centrado na lei, fundado na noção da *Halakhá*, apesar de ter raízes na própria tradição, é vista como algo decaído e uma redução da experiência religiosa mais profunda. Nele, as palavras nunca são escolhidas à toa. Ao chamar de behaviorismo religioso essa postura moderna pan-halakhista, ele certamente tem em mente

17. TMH, v. 1, p. XVI.
18. Os mandamentos da *Torá* obrigatórios para os judeus.
19. TMH, v. 1, p. XVII-XVIII.

a ideia behaviorista de que o comportamento animal e humano pode ser pensado excluindo nos seres humanos a noção de psique, de inconsciente e de motivação interior. Heschel usa o behaviorismo como metáfora para uma religião sem coração e sem espiritualidade. Em TMH (p. IV), afirma que Spinoza teria injetado "um veneno que se espalhou pelo pensamento judaico contemporâneo", quando este assevera que o judaísmo é apenas um sistema legal. Do ponto de vista de Heschel, apesar de o menosprezo pelos temas da *Agadá* ter raízes na tradição, a redução explícita do judaísmo à lei é obra de herege. Observe-se aqui a sutileza do argumento hescheliano que, ao chamar a postura pan-halákhica de behaviorismo religioso e vinculá-la ao herege, está de fato afirmando que essa postura é, de fato, ilegítima e, tal como um veneno, destrutiva para o pensamento religioso judaico.

Surpreendentemente, tal posição é encontrada entre ortodoxos modernos que transitaram por instituições acadêmicas como a Yeshivah University, em Nova York, e a Universidade Bar Ilan, em Israel, ou por instituições acadêmicas conservativas, como o Jewish Theological Seminary, em Nova York e o antigo Seminário Teológico de Breslau, na Alemanha. É justamente nesses círculos que se encontram aqueles que advogam uma rígida observância da *Halakhá*, na presunção de que ela define de forma unívoca a essência da religião judaica.

Heschel afirma que, no Ocidente, o conceito de *Torá* tem sido entendido de forma restrita e equivocada como sendo a "Lei". Heschel chama a atenção para o que considera ser o equívoco e o reducionismo de considerar a noção de *Torá* meramente como Lei, criticando, assim, a afirmação de Mendelssohn de que o judaísmo seria, em essência, uma Lei revelada. Segundo Heschel, essa posição seria um grande equívoco, pois, para ele, "o judaísmo não é uma palavra para substituir legalismo"[20]. Em sua argumentação, ele demonstra que a palavra hebraica *Torá* poderia ser traduzida como "Ensinamento" e nunca como Lei. *Torá* é derivada da mesma raiz de palavras como *moré*, "professor", *horaá* "instrução" e do verbo *iará*, que significa "atirar mirando" como, por exemplo, faz um arqueiro, em hebraico, *iorê*. A lei é apenas um aspecto do Ensinamento. Segundo Heschel:

20. *Deus em Busca do Homem*, p. 407.

Os tradutores dos Setenta cometeram um erro importante e fatal quando, por carência de equivalente grego, traduziram a *Torá* como *nomos*, que significa lei, causando um vasto e crônico juízo falso a respeito do judaísmo e fornecendo uma defesa efetiva para aqueles que procuravam atacar os ensinamentos judaicos. O fato de os judeus considerarem a Escritura como Ensinamento é evidenciado nas versões aramaicas, em que a *Torá* é traduzida como *Oraita*, que pode apenas significar ensino, nunca lei[21].

A tradução de *Torá* por "lei" é imprópria: a ideia mais próxima é a de "ensinamento divino", sendo a lei apenas um aspecto da *Torá*. Basicamente, a *Torá* busca ensinar os fundamentos para a santificação da vida humana nesta existência e disso deriva o conceito de trilhar os caminhos de Deus. No entanto, várias correntes de pensamento judaico no Ocidente incorporaram a ideia de que a *Torá* é, sobretudo, a Lei. De certo modo, a dinâmica do judaísmo moderno pode ser vista a partir desse enfoque.

Um exemplo dessa postura encontra-se em Yeshaiau Leibowitz (1903-1994). Para Leibowitz, ortodoxo centrista, a *Halakhá* dirige-se ao sentido do dever, em substituição às emoções e inclinações humanas[22]. Esse autor propõe uma teoria do cumprimento das *mitzvot* segundo a qual a razão final da *mitzvá* é irrelevante. Para Leibowitz, a oração espontânea como ato de busca de Deus é menos importante do que a oração feita no horário prescrito como obrigação e dever. Como nota Eugene Dorff, a posição de Leibowitz de que a *Halakhá* tem sua característica mais importante no distanciamento do *páthos* está em nítido contraste com a posição hescheliana. Ainda segundo Leibowitz, "o judaísmo como uma entidade definida no curso de um período de três mil anos não se realizou pela literatura, poesia ou arte, mas sim pelo modo halákhico de viver. Desse modo, quem quiser atingir a experiência religiosa por meio dos canais do judaísmo, ou quem quer que esteja interessado na manifestação religiosa judaica, deve viver essa experiência completamente pela práxis religiosa própria do judaísmo, isto é, por intermédio do mundo da *Halakhá*"[23]. É

21. Idem, p. 409-410.
22. *The Unfolding Tradition*, p. 430-437.
23. Idem, p. 432.

a rotina, sobretudo, o que caracteriza a religiosidade judaica; entretanto, isso não tem relação com qualquer tipo de preenchimento de necessidade humana. O homem não cumpre a *Halakhá* para obter qualquer ganho, mas sim para cumprir seu dever e nada mais. Para Heschel, esse tipo de pensamento seria um claro exemplo de behaviorismo religioso, pois se distancia de qualquer percepção de que a atividade religiosa tem como alvo criar elos com Deus ou de ser uma resposta a Ele.

Outra posição adepta de que a *Torá* é essencialmente *Halakhá* é encontrada também em Joseph B. Soloveitchik, que foi professor na Yeshivah University e é grande referência no pensamento ortodoxo moderno. Nos escritos de Soloveitchik, como *A Solidão do Homem de Fé* e em *Filosofia de la Existencia Judia*, está cunhada a figura do homem da *Halakhá* para caracterizar a singularidade do homem religioso judeu. Esse homem da *Halakhá* opõe-se ao homem da ciência e também ao homem religioso em geral. Tanto o homem da *Halakhá* quanto o da ciência voltam-se para a natureza, porém com motivações diferentes: enquanto o homem da ciência quer conhecer a natureza para conquistá-la, o homem da *Halakhá* quer conhecer a realidade para cumprir melhor a Lei. Com relação ao homem religioso em geral, o homem da *Halakhá* diferencia-se por sua preocupação religiosa ser voltada para este mundo, palco onde a observância religiosa se dá, enquanto o homem religioso em geral está voltado para o transcendente. Essa é uma curiosa noção de uma religiosidade oposta à transcendência, nascida na ortodoxia moderna.

Segundo Heschel, essa noção que opõe a religiosidade autenticamente judaica e a religiosidade em geral é falsa. Dresner nos relata a reação de Heschel ao ensaio *Halakhic Man* (O Homem da Halakhá), publicado nos anos 1960 pelo pensador ortodoxo Soloveitchik:

Isch ha-Halakhá? Lo haia ve-lo nivra, ela maschal haia! (Homem da *Halakhá*? Nunca existiu esse tipo de judeu!)[24]. O estudo de Soloveitchik, embora brilhante, baseia-se na falsa noção de que o

24. Essa frase de Heschel é uma referência a uma frase semelhante que ocorre no *Talmud* num outro contexto, no caso sobre a lei do filho rebelde (*ben sorer u-more*) em que os rabinos chegam à conclusão de que tal filho nunca existiu. É típico do estilo hescheliano fazer citações da *Bíblia* e da literatura rabínica dando poeticamente um outro sentido para a expressão ou frase.

judaísmo é frio e lógico, sem nenhum espaço para a piedade religiosa. Afinal de contas, a *Torá* ensina: Ama ao Eterno, teu Deus, com todo teu coração, com toda tua alma e com todo teu poder (*Dt* 6, 5). Não, nunca existiu no judaísmo uma tipologia como esta, como o homem da *Halakhá*. Existiu e existe um homem da *Torá*, que combina *Halakhá* e *Agadá*, mas isso é algo completamente diferente. Quando eu vim para Berlim, fiquei chocado ao ouvir meus colegas estudantes falando sobre o problema da *Halakhá*. Como se fosse um tema central. Na Polônia, essa era uma expressão estranha para mim. *Halakhá* não é um termo que inclui tudo, e usá-lo desse modo restringe o sentido do judaísmo. *Torá* é a palavra mais abrangente. Mas a ortodoxia muitas vezes fala de *Halakhá* em lugar de *Torá*. *Halakhá* tem pouco a ver com teologia; de fato, alguns deles pensam que nós não precisamos de teologia para nada. Nas palavras de um ortodoxo, *schor schenagar et ha-parot* (a questão jurídica sobre um touro que chifra vacas) é nossa teologia. (Seria como dizer que o estudo do *Talmud*, mesmo neste tipo de passagem sobre uma questão legalista seca do cotidiano – sobre os danos causados por um touro que chifrou uma vaca – é toda a teologia de que precisamos.)

Estamos vivendo num dos períodos da história judaica em que a *Agadá* tem sido desvalorizada, porém, quando você diz *Halakhá*, você inclui *Agadá*, pois elas são inseparáveis. O Maharascha (R. Samuel Edels, morto em 1631), cuja grandeza não foi suficientemente apreciada, compôs dois tratados diferentes sobre os comentários talmúdicos, um sobre *Agadá* e um sobre *Halakhá*. No entanto, depois de terminá-los, na introdução do último ele confessou que havia cometido um erro, pois não se podem separar duas irmãs [...] pois *halakhot* e *agadót* compreendem uma *Torá* só. Nesta pessoa, o homem da *Halakhá*, há pouco espaço para a espontaneidade e a *rahamanut* (compaixão)[25].

Fica claro nessa longa citação que, para Heschel, tanto a separação entre *Halakhá* e *Agadá* quanto a caracterização da experiência religiosa judaica com base em um conceito como o de "homem da *Halakhá*" são reduções que mutilam a autocompreensão do judaísmo por parte daqueles que se propõem a pensá-lo. Para ele, a religiosidade judaica não é fundamentalmente diferente da religiosidade em geral em sua busca do sagrado e do transcendente. É voltando-se em resposta a essa busca pelo transcendente que convoca a trilhar o caminho de

25. Apud S. H. Dresner, *Heschel, Hassidism, and Halakha*, p. 102-3.

Deus que o religioso judeu se encontra com o ensinamento revelado, a *Torá*. É na *Torá* que ele encontra tanto as perguntas existenciais últimas sobre a existência quanto a responsabilidade que se traduz na pratica da *mitzvá* (do mandamento). A *mitzvá* é, por assim dizer, uma teologia em atos. Como escreve Alexander Even-Hen[26], para Heschel, o objetivo do judaísmo não é, em si mesmo, a prática das *mitzvot*. O objetivo último do judaísmo é a transformação do homem (*schinui ha-adam*). Essa transformação inscreve-se no objetivo último coletivo de Israel para ser um povo santo (*am kadosch*). Esse alvo é alcançado pelo judeu por meio do entendimento de que a santificação da vida se dá pelas ações que estão nas mãos do homem. É, aliás, por esse caminho que o ser humano, ao santificar-se, encarna a imagem divina, tornando-se sócio (*schutaf*) de Deus na redenção.

LIFNIN MESCHURAT HA-DIN – ALÉM DA LETRA DA LEI

A espontaneidade e a compaixão, tão necessárias para dosar e orientar a vida de *Torá*, vem de outro lugar, que está além da *Halakhá*: "a exigência fundamental é agir além das exigências da lei"[27]. Cumprir com o dever não é suficiente. Em sua argumentação, Heschel lembra o ensinamento rabínico encontrado no *Talmud*, no tratado *Baba Metzia* 30b, onde os sábios, buscando entender a razão de Jerusalém ter sido destruída pelos romanos no ano 70 E.C., afirmam que a cidade foi destruída porque o seu povo, naquela geração, agia de acordo com a letra da lei, mas não ia além das suas exigências. Por aplicarem a *Halakhá* ao pé da letra, sem se reportar ao espírito ético ensinado pela *Torá*, que por sua própria natureza não poderia ser formulado em termos legais, muitas injustiças foram perpetradas. Desse modo, a *Torá* aparecia como algo rígido e congelado, perdendo seu valor aos olhos do povo. É possível ser um patife e ainda assim estar agindo dentro dos limites da *Halakhá* e, desse modo, contar com o consentimento da lei (*naval bi-rischut ha-*

26. *Kol min ha-Arafel*, p. 159. Também é encontrada a forma Even-Chen para o seu sobrenome.
27. *Deus em Busca do Homem*, p. 412.

-*Torá*). Heschel comenta que a expressão, de fato, significa *naval bi-rischut a Halakhá*, para explicar o sentido original que essa expressão possui na literatura rabínica[28].

Os rabinos no *Talmud* formularam o conceito de *lifnin meschurat ha-din* (ir além das exigências da lei) para se referir à atitude piedosa, cheia de compaixão, que flexibiliza a lei em prol de um espírito ético que corrige os desvios da própria lei. Tal atitude nasce da *midat hassidut* (caráter piedoso) que, no espírito da *Torá*, não se contenta em cumprir apenas o seu dever, mas que busca padrões mais elevados no que tange à atitude para com o próximo. Desse modo, o sábio piedoso age de modo diferente do usual e inova na aplicação da *Halakhá* para preservar a *Torá*. Fazendo isso, ele mostra que *Torá* é mais do que *Halakhá*.

O jurista israelense Menachem Elon prefere traduzir a expressão como sendo a "obrigação moral" de "agir de modo mais generoso do que exige a lei"[29]. Esse conceito talmúdico tornou-se parte integrante da tradição judaica posterior, a ponto de, para Elon, ter-se tornado uma norma legal estabelecida nas cortes judaicas dos últimos séculos. Para demonstrar seu ponto de vista, ele cita o comentário do rabino Joshua Falk (séc. XVII) sobre esse tema:

> O significado do conceito "um julgamento que é completamente verdadeiro e correto" (*din emet la-amito* – TB *Shabat 10a, Sanhedrin 7a*) consiste em considerar que é necessário julgar de acordo com o lugar e o tempo, de modo que o julgamento esteja totalmente em conformidade com a verdade, em vez de inflexivelmente aplicar sempre a letra da lei conforme ela é formulada na *Torá*. Desse modo, o juiz às vezes precisa ir *lifnim meschurat ha-din* e refletir em sua decisão aquilo que lhe é agregado pelas circunstâncias particulares do caso. Quando o juiz não age desse modo, então, mesmo que o seu julgamento seja formalmente exato, não é um julgamento completamente verdadeiro e correto. Esse é o significado da declaração dos sábios de que Jerusalém foi destruída porque eles baseavam suas decisões na letra da lei, não iam *lifnim meschurat ha-din*[30].

Outro filósofo contemporâneo, Eliot Dorff, comenta que a literatura rabínica inclui conceitos como *lifnim meschurat ha-din*

28. TMH, v. 1, p. IV.
29. *Jewish Law*, p. 155-167.
30. Idem, *Jewish*, p. 159.

para expressar que a pessoa tem responsabilidades morais que vão além da letra da lei. Isso indica que é necessário ir além da lei estabelecida por Deus, para que seja feita a justiça. A moral e a ética estão, assim, sempre a desafiar a lei judaica, principalmente no que tange àqueles que pretendem ser seus interpretes, pois, mesmo que a lei seja considerada divinamente ordenada, ela é interpretada e aplicada por seres humanos. O filósofo afirma:

> Mesmo que a legislação da *Torá* seja presumida como divinamente justa, o processo de interpretação e de aplicação da lei de Deus reflete as tensões entre os governantes e os governados no que tangem às suas necessidades e preocupações[31].

Pensando, então, na contínua reinterpretação que a lei vai adquirindo ao longo do tempo, Dorff pergunta: "É o propósito das leis refletirem as normas sociais ou transformá-las? São as leis conservadoras ou ativistas?"[32].

A tese de Heschel acerca desse assunto é a de que a *Halakhá*, em sua formulação e aplicação, não pode ser separada de seu elo com a dimensão teológica da *Agadá*. Ambas provêm de uma mesma fonte: "A *Halakhá* é *din* (lei), a *Agadá*, porém, é *lifnin meschurat ha-din*, é aquilo que nos faz ir além da letra da lei. Isso porque a *Halakhá* relaciona-se com os 'atos dos seres humanos'; a *Agadá*, no entanto, relaciona-se 'com os atos de Deus'"[33]. É o estudo da *Agadá* que conduz à proximidade com Deus. Nas palavras de Heschel:

> Qual a diferença entre *din* e *lifnim meschurat ha-din*? Pode-se obrigar alguém a agir segundo a lei, mas não se pode obrigá-lo a agir para além da letra da lei. A lei é algo desvelado, fixo e estático; aquilo que está além da letra da lei não é norma, mas é algo subjetivo e dependente da consciência moral[34].

O paradoxo da *Agadá*, segundo Heschel, é que mesmo não sendo algo que possa ser tornado obrigatório, ainda assim aponta para valores de suprema importância no campo do mais alto nível de conduta desejada pelo espírito da *Torá*.

31. E. Dorff, *The Unfolding Tradition*, p. 370.
32. Idem, p. 371.
33. TMH, v. 1, p. IV.
34. Idem, ibidem.

AGADÁ SEM *HALAKHÁ*

A conclusão oposta de que a *Agadá*, por sua natureza interior mais propriamente religiosa, seria então superior à *Halakhá* e que seria possível construir um judaísmo baseado apenas em premissas teológicas e valores éticos genéricos é considerada por Heschel como igualmente redutora. Essa tese não se encontra explícita em TMH, mas pode ser encontrada em outros escritos heschelianos em que ele se dirige ao público leigo ou às lideranças de correntes judaicas liberais e reformistas. Essa é, aliás, a diferença de tom entre a abordagem da inter-relação entre *Agadá* e *Halakhá* encontrada em *Deus em Busca do Homem* e em TMH. Essa diferença ajuda a desvendar a questão quanto ao público para quem Heschel se dirige em TMH. No dizer de Tucker[35], na maior parte de TMH, Heschel constrói uma ação afirmativa da importância da *Agadá* no judaísmo rabínico. Essa ação afirmativa deve, no entanto, ser contextualizada e relacionada à obra completa de Heschel, para não ser tomada erroneamente como uma tese liberal frente ao pan-halakhismo.

Um exemplo desse tipo de abordagem pode ser visto no artigo "Aggadic Man: The Poetry and Rabbinic Tought of Abraham Joshua Heschel", escrito por Alan Brill e publicado recentemente na revista *Meorot: A Fórum of Modern Orthodox Discourse*. Em sua argumentação, ainda que entendendo que Heschel não nega a função da *Halakhá* na experiência judaica, Brill, no final, tende a opor o conceito do homem halákhico de Soloveitchik a um suposto homem "agádico" hescheliano[36]. Esse homem agádico tenderia a privilegiar as questões teológicas em sua visão do judaísmo, em detrimento da *Halakhá*, que terminaria ficando em segundo plano. Esse equívoco se deve a um viés de leitura dos escritos de Heschel. É certo que Heschel não escreveu no campo da *Halakhá* prática. Nesse sentido, ele não era um halakhista, um jurista, mas, em seus escritos, principalmente no final de TMH, expõe uma interessante teoria sobre a decisão jurídica na *Halakhá*, levando em conta as questões de *haiei schaá* (circunstâncias do momento). Outro aspecto importante é que o próprio

35. Palestra proferida na convenção anual, de 2005, da Rabbinical Assembly registrada em CD de áudio.

36. A. Brill, *Aggadic Man*, p. 21.

Heschel, que foi também em seu tempo tido como apenas um agadista, escreveu respondendo sobre essa rotulação de sua obra e sobre sua real posição nessa questão.

Em 1952, sete anos após ter deixado seu posto de professor no Hebrew Union College, o seminário reformista em Cincinnati, para tornar-se membro do corpo docente do Jewish Theological, o seminário conservativo-*massorti* (tradicionalista não ortodoxo) em Nova York, Heschel foi convidado para falar na convenção anual da Central Conference of American Rabbis, a organização que reúne os rabinos reformistas americanos. Dresner comenta que esse convite dificilmente teria sido feito enquanto ele ensinava no Hebrew Union College, pois, seu modo de vida tradicional, como a observância do Schabat, das leis de *kaschrut* e seu interesse por temas espirituais faziam com que ele fosse tido como uma *avis rara* no meio reformista e tivesse, consequentemente, pouco reconhecimento. Após sair do Hebrew Union College e ter publicado vários livros em inglês, porém, sua crescente influência nos meios intelectuais judaicos e não judaicos americanos tornara possível esse convite. Na ocasião, Heschel escolheu, como era de seu estilo, confrontar os líderes reformistas com uma questão controversa quanto à sua posição: o tema da *Halakhá*. Partes dessa conferência foram gravadas em áudio e transcritas recentemente por Dresner e partes foram publicadas no artigo "Toward an Understanding of Halachah".

Heschel começa descrevendo seus próprios problemas com a observância da lei judaica, numa possível tentativa de ganhar os corações e a atenção da plateia não muito disposta a debater esse assunto desconfortável. Conta um caso ocorrido com ele quando estava em Berlim, nos anos 1930, quando, andando de tarde pela cidade e observando sua magnífica arquitetura e o dinamismo da grande metrópole, de repente percebeu que o sol tinha se posto, a hora do *arvit* (das orações noturnas) tinha chegado e ele ainda não tinha rezado. "Quando devemos recitar o *Schemá* ao entardecer?" (*Berakhot* 2a). Heschel comenta: "Eu tinha esquecido Deus, eu tinha esquecido do Sinai, eu tinha esquecido que o pôr do sol é da minha preocupação, que minha tarefa é aperfeiçoar o mundo em nome do Reino de Todo-Poderoso"[37]. Após pensar

37. Apud E. Dorff, *The Unfolding Tradition*, p. 187.

um pouco sobre a situação que estava vivendo e sem vontade de rezar, Heschel decide ser sério com a observância religiosa prescrita na *Halakhá*: "Por que eu decidi ser sério com a observância religiosa? Por que eu rezei, apesar de não estar com espírito para rezar?[38]. Esse é para ele um momento de tomada de decisão, de *insight*, de repactuar a aliança com Deus e de acordar da ilusão da Modernidade sedutora. Heschel registra que ser relapso em orar para Deus durante uma noite seria para ele a perda do todo (*whole*), a perda da sensação de pertencimento à ordem do modo judaico de viver. Essa ordem não seria apenas um conjunto de rituais, mas uma ordem da própria existência humana, que dá forma a todos os campos e aspectos da vivência humana.

De um ponto de vista racionalista, não parece plausível que o Ser Supremo e Infinito esteja interessado em minha colocação diária de *tefilin*... No entanto, é um paradoxo que o Deus infinito esteja interessado no homem finito e nos seus atos, que nada seja irrelevante aos olhos de Deus, essa é a essência da fé profética [...] Se nós estamos prontos a acreditar que Deus requer que façamos justiça, será que é mais difícil acreditar que Deus requer que sejamos santos? [...] Amar a justiça é *Halakhá* do mesmo modo que a proibição de acender fogo no sétimo dia[39].

Nos começos do século XX, o rabino Leo Baeck, na época líder da corrente reformista-liberal na Alemanha, escreveu um livro cujo título é *Das Wesen des Judentums* (A Essência do Judaísmo). Esse livro seria uma resposta a outra obra, *Das Wesen des Christentums* (A Essência do Cristianismo), do teólogo cristão alemão Ludwig Feuerbach. Apesar de existirem muitas evidências dadas pelos escritos de Heschel de que ele aceitava a noção de uma essência do judaísmo, um conjunto de crenças fundamentais que seriam um sumário da fé judaica, ele estava ao mesmo tempo alerta quanto ao perigo de esse judaísmo abstrato fosse entendido como a totalidade do judaísmo: o perigo de resumir o judaísmo apenas à *Agadá*. Esse seria, segundo Heschel, o erro cardeal de Buber, sua rejeição da *Halakhá* em prol de um suposto judaísmo livre de amarras e

38. *O Homem à Procura de Deus*, p. 94, 96, 99.
39. A. J. Heschel apud E. Dorff, *The Unfolding Tradition*, p. 191.

restrições, voltado para o espontâneo. Heschel rejeitava, assim, a posição teológica de Karl Barth, que, baseada numa leitura luterana do apóstolo Paulo, afirmava que, em virtude de a condição pecaminosa do ser humano lhe dificultar o exercício de boas ações, então, a lei deveria ser abandonada. São dele estas considerações: "O que o credo é em relação à fé, a *Halakhá* é em relação à piedade. A fé não pode existir sem o credo, piedade não pode existir sem um padrão de atos [...] O judaísmo é vivido em ações, não apenas em pensamento"[40]. O filósofo descreve o judaísmo como a "teologia dos atos comuns".

Heschel também convida seus colegas liberais e reformistas a superar a racionalização dando um "salto de ação" (*leap of action*). Esse é mais um exemplo da "poética da piedade", para usar uma expressão de Kaplan[41], típica do estilo hescheliano. Em inglês, existe a expressão *leap of faith*, que poderia ser traduzida como "dar um salto de fé", isto é, acreditar e então agir. Heschel inverte "poeticamente" essa expressão, dando a ela um sentido de agir para, desse modo, crer. Ou seja, pela ação chega-se à devoção.

Segundo Kaplan[42], para Heschel, o homem religioso "é instado a dar um 'salto de ação' em vez de um "salto de pensamento". Deve superar suas necessidades, fazendo mais do que ele entende, para chegar a entender mais do que ele faz. Exercitando as palavras da *Torá*, ele é conduzido até a presença do sentido espiritual. Por intermédio do êxtase dos atos, ele aprende a ter certeza da proximidade de Deus. De acordo com o pensamento hescheliano, viver de forma correta é um caminho para pensar de modo maduro[43]. Desse modo, segundo Heschel, pensar é fazer; crer é praticar; adorar é agir.

Mortor C. Fiermand sustenta que, segundo o teólogo cristão John Merkle, Heschel sugere uma "pedagogia do retorno"[44], construída por meio de uma escada de observância. Essa pedagogia busca proporcionar a volta do judeu moderno à experiência da sensibilidade religiosa. A pedagogia do retorno

40. *Deus em Busca do Homem*, p. 88.
41. *Holiness in Words*, p. 16.
42. Idem, ibidem.
43. *Leap of Action*, p. 221.
44. Idem ibidem.

hescheliana, por outro lado, está fortemente vinculada aos modelos das práticas religiosas que o filósofo aprendeu e viveu no mundo hassídico de sua infância. No pensamento de Heschel, essa ideia é uma reminiscência do conceito rabínico de *ahavat Israel*, o amor a Israel, por meio do qual o líder hassídico mostra compaixão pelo ignorante e busca elevá-lo de sua situação.

Admitindo ser um agadista, ele exorta aos rabinos reformistas:

> Meu campo é a *Agadá* [...] Mas, lembrem-se, não há *Agadá* sem *Halakhá*. Não pode haver santidade judaica sem a lei judaica. A teologia judaica e os *tefilin* estão juntos [...] Por que vocês estão com medo de usar *talit* e *tefilin* todos os dias, meus amigos? Houve um tempo em que nosso ajuste à civilização ocidental era nosso mais importante problema [...] Mas agora nós estamos perfeitamente ajustados [...] Nossa tarefa é ajustar a civilização ocidental ao judaísmo. A América, por exemplo, precisa do Schabat. O que há de errado com o Schabat, como recitar a *berakhá* (bênção) toda vez que comemos, com a oração regular? O que há de errado com a disciplina espiritual? É somente dessa disciplina espiritual que uma nova manifestação da existência humana emergirá. Eu digo existência humana e não judaica, pois o judaísmo, que pode ser de fato concreto, responde a problemas universais. Isso não é para mim um assunto paroquial. Eu sou confrontado pelos mesmos problemas que confrontam um muçulmano, um cristão ou um budista. O judaísmo é uma resposta para os problemas da vida humana, mas é uma resposta que tem um jeito especial. Não deixemos que esse jeito se perca por falta de compromisso com ele[45].

CONTROVÉRSIA NA *AGADÁ*

Voltando à TMH, Heschel afirma que os estudiosos modernos da literatura rabínica talmúdica têm o preconceito de que os sábios estariam muito mais interessados em *Halakhá* prática e que não se encontraria em seus ensinamentos agádicos uma teologia básica e coesiva. Admitiam, ainda, que os sábios do *Talmud* faziam teologia de um modo sombrio e reprimido, que eles nunca eram atingidos pelo fogo da dúvida e do medo,

45. S. Dresner, op. cit., p. 92-93.

que nunca exploraram os segredos da racionalidade da fé. Muito disso se deve à percepção de que os sábios estavam dispostos, em seus debates, a aprofundar-se nas questões da conduta humana perante a lei. Quem quer que tenha acompanhado os soberbos debates lógicos encontrados nas páginas do *Talmud* terá a dimensão da profundidade da lógica dialética rabínica no trato das questões da lei. Segundo Heschel, entre muitos estudiosos modernos essa percepção teria levado a uma falsa noção quanto à importância da *Agadá* na literatura talmúdica. Ela apareceria como um mero acompanhamento do prato principal, a *Halakhá*.

Contra essa noção, Heschel pondera que:

> na literatura agádica, é possível encontrar "lutas, temores e aspirações, os eternos problemas e questões contemporâneas, o sofrimento físico e mental, as dores de parto da comunidade e do indivíduo que atingiram tanto os sábios como a nação como um todo[46].

É, portanto, na *Agadá* que se encontrariam muitos dos profundos debates espirituais e existenciais judaicos. Ela é, assim, no entender de Heschel, "o esforço sério dos sábios para responder às questões espirituais mais sofisticadas dos indivíduos e da sociedade"[47].

Essa profundidade de pensamento sapiencial e teológico não deveria ser confundida com uma forma de filosofar. Os talmúdicos pensavam questões que diziam respeito à sua situação religiosa, dentro dos modos de pensar que lhes eram próprios. É por isso que o modo agádico de pensar não pode ser sempre traduzido nas categorias filosóficas oriundas da Grécia. Os sábios talmúdicos não produziram tratados teológicos do tipo dos produzidos pelos padres da Igreja, que eram muito mais influenciados pela filosofia grega. As coleções de *midraschim* e a *Agadá* dos primeiros séculos aparecem, a princípio, como um vasto e intricado conjunto de narrativas, máximas e homilias coletivas, muito difícil de ser ordenado.

Segundo Heschel, quando estudado em profundidade, esse amplo e enredado conjunto começa a mostrar sua organização

46. TMH, v. 1, p. VII.
47. Idem, ibidem.

dialética, dado que, em termos de pensamento, os rabinos não formavam uma liga única. Heschel distingue duas grandes correntes de pensamento entre os primeiros rabinos dos séculos I e II: a escola de rabi Akiva e a escola de rabi Ischmael. Esses dois sábios, de características modelares e ao mesmo tempo opostas, formaram e fixaram dois diferentes métodos que se tornaram as pedras fundamentais de todos os ensinamentos rabínicos subsequentes.

3. Mística e Razão: Os Paradigmas da Experiência Religiosa Rabínica

HALAKHÁ E *PILPUL*

O leitor que percorrer as páginas dos tratados do *Talmud Babilônico*[1], obra dedicada primariamente à discussão haláckhica da *Mischná*, que, segundo alguns, é o primeiro código de leis da literatura rabínica, deparar-se-á com intricadas e sutis discussões entre os sábios de diversas escolas e gerações. Essas discussões abordam dialeticamente os mais diversos temas da vida e da tradição judaicas na confrontação de posições opostas em que cada tema posto em questão vai sendo aprofundado e esmiuçado. O *Talmud* é, assim, singular, não apenas por sua temática, mas também pela maneira como expõe seus tópicos.

A dialética talmúdica tem chamado a atenção de muitos estudiosos através dos tempos por seu modo de combinar uma abordagem que mescla a razão sensível – que segue intricados

1. O *Talmud* é uma obra coletiva composta de diversos tratados cujo objetivo central é o comentário e a discussão da *Mischná* (200 E.C.). Há de fato dois *Talmudes*, o *Talmud Babilônico*, assim denominado por ter sido compilado com o material da discussão rabínica das academias da Babilônia entre os séculos III e VI, e o *Talmud de Jerusalém*, composto com o material oriundo das academias rabínicas da terra de Israel entre os séculos II e V. Por sua extensão e por motivos históricos, o *Talmud Babilônico* tornou-se o mais importante dos dois.

raciocínios quase matemáticos – com a aceitação do paradoxo, como parte dos dados e das conclusões que são tiradas. No *Talmud*, o modo dialético de pensar move-se num enredado processo de questões e respostas, implícitas ou explícitas, que são propostas no sentido de explorar todas as possibilidades de determinado problema posto em discussão. O movimento da argumentação e do pensamento vai em busca não apenas da resolução do problema, mas também ao encontro de outra questão subjacente à primeira. O argumento dialético abre a possibilidade de, a partir de um problema ou uma situação posta em questão, atingir outra situação localizada além da primeira, sem que, a princípio, essa segunda fosse conhecida ou esperada. Segundo Neusner[2], não se trata do percurso hegeliano de tese, antítese e síntese, mas de um movimento de argumentação que permite a reconstrução do fluxo de pensamento pelas diversas possibilidades pesquisadas. A tese contrapõe-se a várias antíteses e gera várias sínteses. Trata-se de um fluxo de argumentação que parte do concreto e, em zigue-zague, busca chegar ao entendimento mais amplo possível da situação.

A dialética rabínica talmúdica veio a ser conhecida como פלפול, *pilpul*, termo que designa diferentes métodos de estudo e exposição de discurso, no qual são usados modos sutis de conceituar diferenciações legais e casuísticas, e, por meio do embate de posições opostas, o assunto posto em questão vai sendo aprofundado e desenvolvido. O termo *pilpul* é originado da mesma raiz hebraica da palavra פלפל *pilpel* (pimenta), indicando que esses métodos dialéticos de raciocínio seriam usados pelos mais perspicazes[3] estudiosos da *Halakhá* com o objetivo de, por meio do raciocínio dialético, penetrar no sentido dos textos, clarificar e inovar as possibilidades de entendimento da aplicação da lei (*Halakhá*). No *Talmud*, os sábios debateram sobre qual tipo de estudioso teria os maiores méritos, se o "*Sinai*", isto é, aquele sábio que se ocupava em transmitir fielmente textos e tradições recebidos por seus mestres, ou o *oker harim* (o que levanta montanhas desde suas bases), isto é, aquele sábio que, usando os métodos dialéticos, era capaz de aprofundar e inovar a tradição recebida. Note-se que até isso

2. *Introduction to Rabbinic Literature*, p. 74.
3. *Harifim, picantes*, na expressão hebraica.

era uma questão dialética. Houve sábios que se opuseram ao uso do *pilpul*, mas esse modo de pensar tornou-se algo profundamente enraizado na abordagem rabínica da lei. Um exemplo disso é que, de acordo com o próprio *Talmud* (*Sanhedrin* 17a), os membros da Suprema Corte (o Sinédrio) deveriam ser mestres no *pilpul*. Dessa forma, a mestria no raciocínio dialético seria, portanto, um atributo dos maiores juristas. No *Talmud Babilônico*, há muitos exemplos da sutileza do *pilpul* nas mais sagazes disputas entre os sábios.

Na Idade Média europeia, o *pilpul* foi renovado nas gerações que sucederam Raschi (França, séc. XI). As escolas de tossafistas na França e Alemanha, nos séculos XIII e XIV, aplicaram-no para estudar as contradições entre diferentes passagens do *Talmud*. Foi, no entanto, a partir dos séculos XV e XVI, nas academias rabínicas da Europa Central e Oriental, sobretudo na Polônia e seu entorno, que o método de abordagem dialética foi lapidado a ponto de atingir a culminância.

Do rabino Yaakov Polak, primeira autoridade talmúdica polonesa, no século XVI, chefe da academia rabínica de Cracóvia, diz-se que foi um mestre que inovou e expandiu o *pilpul*. Desse mestre, conta-se, ainda, que era capaz de arrancar, com seu raciocínio dialético, montanhas de suas bases, mesmo o monte Sinai[4]. Várias escolas com diferentes variações de métodos de *pilpul* surgiram a partir de então, a ponto de deixar uma marca muito forte no judaísmo polonês. Segundo Heszel Klepfisz[5], o modo dialético de pensar ultrapassou os limites da *Halakhá* e entrou no âmago da própria cultura espiritual do judaísmo polonês.

Heschel, que recebeu sua ordenação rabínica em Varsóvia, ainda antes de ir para a Universidade de Berlim, era treinado no *pilpul* tradicional. Após o final da Segunda Guerra Mundial, em 1949, descreveu, na forma de uma eulogia, a vida intelectual e espiritual dos judeus da Europa Oriental, cujo modo tradicional de vida fora destruído com o genocídio nazista. Nesse texto, *The Earth is The Lord's: The Inner World of the Jew in Eastern Europe*, 1947, Heschel dedica um capítulo ao método dialético rabínico. Para ele, o *pilpul* era um método

4. *La Cultura Espiritual Del Judaísmo Polaco*, p. 6.
5. Idem, p. 15.

pelo qual o estudo da *Torá* se transformava de simples exercício intelectual em uma forma de estudo meditativo, em que o debate sobre os temas da *Torá* transpunha a barreira do tempo e das gerações, pois uma das características do *pilpul* é colocar em confronto as opiniões de sábios de diferentes épocas e lugares como se eles estivessem presentes no debate. Segundo Heschel, o desenvolvimento de uma mente religiosa dialética era parte essencial da espiritualidade judaica tradicional, pois o trato com a dinâmica do paradoxo abria a possibilidade de ver o mundo de uma ótica transcendente. "Na luz do *pilpul*, a natureza e a força das palavras e conceitos eram submetidos a uma mudança radical"[6]. O *pilpul* é um modo de entender a realidade levando em conta o seu fluxo, a complexidade e o paradoxo que lhe são inerentes.

AGADÁ E DIALÉTICA

Se, por um lado, as fontes da *Halakhá* apresentam um evidente caráter dialético, em que a discussão é parte do modo de composição do texto, as fontes da *Agadá* apresentam-se de um modo mais disperso, na forma de antologias de máximas de sábios, narrativas e aforismos. Tucker[7] descreve como caótico o modo como se apresentam as antologias agádicas. Nelas, as diferenças entre as escolas e os sábios não são colocadas na forma de um debate, pois foram compiladas como antologias dispersas pelo *Talmud*, em várias coleções de *midraschim* e tratados sapienciais, o que dificulta muito perceber as correntes internas que animaram e dividiram os sábios.

Foi talvez por isso que, em geral, a abordagem que os estudiosos fizeram da literatura agádica no século XX buscou resolver o "caos" dos textos encontrando alguma "unidade" subjacente a essa literatura. Tal unidade foi muitas vezes buscada ajustando os temas da *Agadá* aos paradigmas do pensamento religioso e da teologia ocidentais, na tentativa de sistematizar a "teologia" dos primeiros rabinos.

6. *The Earth is the Lord's*, p. 53.
7. G. Tucker, *Heschel's Torah min Hashamayim as a Teaching Tool.*

Foi assim, por exemplo, que procedeu Salomon Schechter em sua abordagem do pensamento rabínico, apresentada no já clássico *Some Aspects of Rabbinic Theology*, publicado em 1909. Nessa obra, Schechter faz um grande apanhado da teologia rabínica do ponto de vista das categorias teológicas ocidentais. A impressão deixada é a de uma grande unidade e concórdia no pensamento dos primeiros rabinos, *tanaim e amoraim*. A agenda desse autor procura fornecer as bases de uma teologia sistemática judaica nos moldes da teologia ocidental e, para tanto, ele buscou sistematizar o pensamento religioso das fontes tradicionais primitivas produzidas durante os primeiros séculos da Era Comum.

Um caminho semelhante foi trilhado algumas décadas depois pelo erudito cristão George Foot More em seu também clássico estudo *Judaism in the First Centuries of the Christian Era* (1927). Nessa obra, Foot More propõe-se estudar a continuidade entre o judaísmo do primeiro século antes da destruição do Segundo Templo em 70 E.C. e o judaísmo rabínico, que se desenvolveu em seguida. Apoiando-se numa vasta bibliografia de fontes rabínicas e, segundo Urbach[8] influenciado pelo estudo de Schechter, Foot More buscou entender o momento da separação entre cristianismo e judaísmo do ponto de vista judaico e a continuidade entre a herança bíblica profética e o judaísmo da *Halakhá*.

Nos círculos acadêmicos judaicos, um dos mais importantes estudos e comentários acerca do pensamento rabínico talmúdico, de grande repercussão e que, de algum modo, representa tendências modernas de uma abordagem sobre suas crenças e conceitos, foi o capítulo "As Ideias Religiosas do Judaísmo Talmúdico" de *Filosofia do Judaísmo*, de 1933, de Julius Guttmann. Esse pesquisador, filiado ao espírito da *Wissenchaft des Judentum* (Ciência do Judaísmo) e que foi professor de Heschel em Berlim, buscou entender a relação entre a filosofia do judaísmo medieval e sua relação com a literatura rabínica talmúdica. Outro erudito cujos escritos se tornaram muito influentes foi Finkelstein. Ao descrever o pensamento teológico e a atmosfera religiosa do período tanaíta (séc. III

8. *The Sages*, p. 9-10.

A.E.C.-II E.C.), ele reconheceu a diferença entre as escolas de pensamento de rabi Akiva e de rabi Ischmael. Considerando-as, porém, sob a perspectiva de serem grupos ligados às camadas patrícia rural e plebeia urbana, procurou caracterizar a escola akiviana como aquela que melhor expressou a essência do pensamento rabínico através dos séculos.

O mais importante estudo do pensamento rabínico e também o mais recente dessa linha de tratados sobre o pensamento teológico rabínico é a obra monumental do professor israelense Ephraim Urbach, que apareceu em hebraico como *Hazal: Pirke Emunot ve-Deot* (1968), e como *The Sages: The World and Wisdom of the Rabbis of the Talmud* na tradução inglesa (1975). Do título em hebraico é possível perceber duas referências distintas à literatura rabínica: *hazal*[9], como já foi visto, por um lado, é uma palavra técnica para fazer referência aos sábios do período talmúdico; por outro lado, *emunot ve-deot* faz referência ao livro do filósofo medieval Saadia Gaon, que foi o primeiro a tentar sintetizar as crenças e conceitos do judaísmo rabínico. A obra de Urbach é, segundo Reuven Kimelman[10], a finalização e concretização da agenda indicada por Sechter em *Some Aspects of Rabbinic Theology*. Urbach se propõe a mapear de um modo bastante amplo e erudito o pensamento dos primeiros rabinos, buscando definir os conceitos usados por eles. Passa, assim, por diversos temas, como a Crença em Deus, a Schekhiná – a Presença de Deus no mundo –, os mandamentos, a recompensa e o castigo, a teodiceia, a redenção e muitos outros temas que compõem um quadro bastante amplo das crenças dos rabinos no *Talmud* e no *Midrasch*. O resultado deixa a impressão de existir, para além das diferentes declarações dos sábios, uma profunda concordância das diversas vozes rabínicas do final da Antiguidade. Há divergências, mas não há exatamente debates.

A agenda e a metodologia hescheliana são profundamente diferentes da tendência geral de abordagem de toda essa literatura moderna que foi aqui apresentada acerca dos conceitos religiosos e das crenças dos rabinos no final da Antiguidade e do medievo. A mais importante inovação (*hidusch*) que Heschel faz na abordagem do pensamento teológico dos rabinos é

9. Ver supra, p. 22, n. 3.
10. R. Kimelman, Rabbinical Assembly Convention, 2007.

apresentá-lo dialeticamente, na forma de um "*pilpul da Agadá*". Por meio do "*pilpul* agádico hescheliano", os conceitos rabínicos apresentados por outros como um sistema, e, portanto, como uma totalidade fechada, no sentido levinasiano, apresentam-se como um debate transgeracional entre os sábios e suas correntes de pensamento através dos tempos. Esse debate se apresenta no fluxo das tradições teológicas opostas e de suas reflexões sobre a experiência religiosa viva dos rabinos. A mesma dinâmica encontrada na *Halakhá* passa então a ser identificada na *Agadá*. Como já foi visto, esse é o modo como Heschel procura demonstrar a equivalência da *Agadá* com a *Halakhá*, da teologia com a lei e a conduta, em sua apresentação dialética da *Torá*. A *Agadá* é apresentada, assim, não como uma teologia rabínica sistemática, mas na forma de uma dialética teológica entre oposições, sem que nenhuma delas seja considerada menos importante.

DUAS ABORDAGENS SOBRE A EXEGESE DA *TORÁ*

Na maior parte do primeiro volume de TMH, seguindo seu método de apresentar a *Agadá* de forma dialética, Heschel passa, então, a apresentar duas abordagens opostas e antitéticas do pensamento dos primeiros rabinos, corporificadas nas escolas de pensamento que existiram na passagem do século I para o século II da Era Comum e referidos na literatura talmúdica como Bei Rabi Akiva e Bei Rabi Ischmael[11].

Assim como Schemaia e Avatalion e Hilel e Schamai, rabi Iehoschua e rabi Eliezer ben Hurkanos; rabi Akiva ben Iossef e rabi Ischmael ben Elischa são lembrados no *Talmud* como tendo sido um par de *bene plugta*, expressão que se refere a dois sábios que se opuseram e que aparecem no *Midrasch* e no *Talmud* discutindo e divergindo sobre a interpretação de diversos assuntos concernentes à interpretação do texto bíblico (*Torá* escrita) e das leis (*Halakhá*).

11. A expressão aqui é em aramaico, em hebraico seria Beit Rabi Akiva e Beit Rabi Ischmael.

Heschel pondera:

> Cada geração tem os seus exegetas. Cada enigma tem suas soluções, e quanto mais profundo o enigma, mais numerosas as soluções. A *Torá* pode ser apreendida de dois modos diferentes: pela via da razão (*sevará*) e pela via visionária (*hazon*). O caminho de rabi Ischmael era o do sentido simples e contextual (*peschat*) da Escritura. O caminho de rabi Akiva era o do sentido místico (*mistorin*)[12].

Ambos defenderam dois métodos muito diferentes de exegese da Escritura: rabi Akiva entendia a linguagem humana como insignificante, se comparada com a linguagem da *Torá*. Na linguagem da *Torá*, como na linguagem poética, a palavra é viva porque é a linguagem divina: ela tem uma dimensão secreta em cada passagem, mesmo nas narrativas aparentemente simplórias que retratam algum momento do cotidiano. Rabi Akiva, em sua interpretação da *Bíblia*, tendia a ir além do sentido literal e contextual. Por outro lado, para rabi Ischmael, a "*Torá* fala na linguagem humana", isto é, seu discurso é apenas fruto do contexto linguístico do hebraico e dos usos e costumes do período em que o texto foi escrito.

As expressões de linguagem por ele utilizadas não necessitam de uma exegese especial, pois, para rabi Ischmael, que lê o texto conservando o contexto, as palavras da *Torá* têm vários níveis de sentido, não sendo cada palavra dotada necessariamente de uma mensagem oculta e profunda. Segundo ele, isso ocorre porque a *Torá* não foi dada aos anjos e sim aos homens, reflete seus modos de falar e cada palavra tem apenas o seu sentido, não contém qualquer significado especial. É a interpretação do contexto da mensagem, entendida no seu sentido simples e contextual (*peschat*) o que interessa.

Rabi Ischmael é apresentado por Heschel como advogado da leitura racionalista do texto bíblico. Se Deus é maior que o ser humano, então, mesmo na revelação, cada um recebeu a mensagem segundo sua força (*Êxodo Rabá* 5:9). Por isso, na escola de rabi Ischmael defendia-se que a linguagem é incapaz de revelar a verdade divina em toda a sua essência. Desse modo,

12. TMH, v. 1, p. XLI.

a linguagem da revelação é adaptada para aquilo que o ouvido possa escutar. Daí vem a sua tese de que a *Torá* fala na clave da linguagem humana.

Antes de rabi Ischmael, Filon de Alexandria já havia declarado que a *Torá* fala em linguagem humana[13]. A diferença entre Filon e rabi Ischmael é que o primeiro lê o texto bíblico como alegoria, e o segundo busca nas passagens o seu sentido contextual. É por perceber a linguagem humana como limitada que rabi Ischmael tende a ser mais leniente em sua interpretação da *Halakhá* e a não sobrecarregar o povo com mais obrigações do que aquelas que ele poderia cumprir. Heschel retrata rabi Ischmael como moderado na interpretação da *Halakhá* ao mesmo tempo que racionalista na sua exegese. Para rabi Ischmael, a linguagem bíblica vale-se muitas vezes da hipérbole e da metáfora, não devendo as passagens ser entendidas como literais quando se referem à realidade divina. A revelação é divina, mas o texto é humano.

Seguindo um caminho hermenêutico oposto ao seu contemporâneo, para rabi Akiva, "que extraía de cada letra mínima e de cada ponto grandes quantidades de *halakhot*, é impossível que exista na *Torá* uma palavra ou uma letra sequer que seja supérflua. Cada palavra e cada letra convida: interprete-me!"[14]. Mesmo partículas que aparecem no texto, fruto de simples regras gramaticais do hebraico bíblico, para rabi Akiva eram tidas não apenas como uma idiossincrasia formal da língua, mas como um aspecto essencial da mensagem do texto da *Torá*. Baseava-se na convicção de que, em sendo a *Torá*, em sua essência mais profunda, "a revelação verbal de Deus", a linguagem dela só podia ser a própria palavra divina em sentido concreto, onde não existe separação entre forma e conteúdo como num livro humano qualquer.

Por abordar o texto bíblico a partir dessa perspectiva em que forma e conteúdo se fundem, rabi Akiva não se satisfaz com a abordagem racional do *peschat*, que se contenta com uma leitura simples e contextual. Esse sábio usa um método de interpretação muito menos calcado numa hermenêutica racional e muito mais imaginativo e descolado de uma racio-

13. TMH, v. 1, p. 189.
14. TMH, v. 1, p. XLII.

nalidade contida em certos parâmetros. Akiva herda de um de seus mestres, Nahum de Gimzo, e amplia ao máximo de seu potencial, o método interpretativo do *ribui umiut* (extensão e limitação). Esse é um método que se utiliza de certas palavras-chave para ampliar ou restringir o sentido do texto, seguindo um caminho pelo qual o texto bíblico se torna uma teia de códigos em que o sentido denotativo é apenas um portal para o que está oculto por trás do texto literal.

Por outro lado, rabi Ischmael mantém e amplia o método de Hilel, o Velho (primeira metade do séc. I), baseado em sete regras de interpretação hermenêutica do texto que ele amplia para treze regras. Hilel, o Velho, que foi um dos mais importantes líderes de sua geração antes da destruição do Segundo Templo, é mencionado como tendo transmitido sete regras hermenêuticas (*midot*) com o propósito de expor a *Torá* escrita e estender suas provisões para novas situações de seu tempo. Algumas dessas regras talvez já fossem conhecidas antes dele, mas não tinham sido aplicadas de modo consistente. Foi, no entanto, mérito seu tê-las fixado na forma de regras formais de exegese. As sete regras de Hilel são:

1. *kal vahomer*: analogia lógica entre expressões;
2. *gezerá schavá*: analogia de expressões;
3. *binian av mikatuv ehad*: generalização de uma provisão especial do texto bíblico;
4. *binian av mische ketuvim*: generalização de duas provisões especiais do texto bíblico;
5. *klal ufrat*: uma provisão genérica seguida por uma provisão particular;
6. *kaiotze bo mimkom ehad*: analogia feita de outra passagem;
7. *devar halomed meiniano*: explicação derivada do contexto.

Essas sete regras de Hilel foram transformadas em um sistema mais completo por rabi Ischmael.

Além das sete regras de Hilel, que foram adotadas, de modo geral, pelos sábios de sua época e por aqueles que o sucederam, outras foram introduzidas no final do primeiro século por Nahum de Gimzo, um contemporâneo de rabi Iohanan ben Zakai. Segundo seu método, *ribui umiut*, certas partículas e conjunções hebraicas empregadas no texto do *Pentateuco* estariam lá para indicar extensão ou limitação do sentido literal. Esse método tinha como função, igualmente, possibilitar incluir no entendimento do texto o que a tradição já incluía ou excluir aquilo que a tradição excluía. Palavras como *af*, *et*, *gam* e *kol* teriam a função de incluir; enquanto palavras como *akh*, *min* e *rak* teriam a função de limitar o sentido.

Esse método pode ser ilustrado pelos exemplos:

1. A palavra *et*, que marca o objeto direto, concorda na forma com a preposição *et* (com). Então a palavra *et*, na passagem de *Dt* 10, 20, onde se lê "*et H' eloheikha tirá*" é interpretada como *le rabot talmidei hakhamim*, incluindo os sábios, que devem ser reverenciados junto com Deus (*Pessakhim* 22b).
2. A guarda do Schabat não se aplica às situações quando uma vida está em perigo (*pikuakh nefesch*). Isso é derivado da palavra limitante *akh* na passagem de *Ex* 21, 13, onde se lê *akh et schabetotai tischmoru*, somente os meus Schabatot tu deverás guardar. A palavra "somente" exclui essas situações (*Yoma* 85b).

O método de Nahum de Gimzo não foi em geral bem recebido por seus contemporâneos. Na geração seguinte, porém, rabi Akiva incorporou o método de seu mestre e o ampliou no sentido de incluir toda palavra aparentemente supérflua no texto, muito além dos limites de Nahum de Gimzo. Desse modo, mesmo partículas conectoras e virtualmente cada letra e sinal seriam interpretados.

Ainda que o sistema de interpretação de Akiva fosse aceito por muitos em seu tempo, recebeu grande oposição de rabi Ischmael. Este último, baseado na sua ideia de que a *Torá* fala na linguagem humana comum, rejeitou a maioria das interpretações de rabi Akiva. Como regras de interpretação, ele reconheceu apenas as sete de Hillel, subdividindo algumas delas, omitindo uma e adicionando uma nova. As treze regras de interpretação de rabi Ischmael são:

1. *kal vahomer*: idêntica à regra 1 de Hillel;
2. *gezerá schavá*: idêntica à regra 2 de Hillel;
3. *binian av*: uma síntese das regras 3 e 4 de Hillel;

4. *klal ufrat*;
5. *perat uklal*: subdivisão da regra 5 de Hillel;
6. *klalá ufrat veklal*;
7, 8, 9, 10 e 11. modificações da regra 5 de Hillel;
12. *devar halomed meiniano -udvar halomed missofo*: com algumas modificações, idêntica à regra 7 de Hillel;
13. *schenei ketuvim hamekhahischim zé et zé*: essa regra não é encontrada entre as regras de Hillel.

Como se pode notar, as regras de rabi Ischmael buscaram conformar um sistema lógico e racional de interpretação, enquanto as regras de rabi Akiva conformam um sistema de interpretação baseado mais em regras esotéricas do que em um sistema rigorosamente baseado na razão.

AS ESCOLAS DE RABI AKIVA E DE RABI ISCHMAEL

Foi partindo da menção no *Talmud* e nas coleções de *midraschim* desses dois métodos de interpretação ligados às escolas de rabi Akiva e de rabi Ischmael, que viveram no início do segundo século, em pleno período tanaítico, que estudiosos modernos, a partir do século XIX, começaram a formalizar as diferenças entre as duas abordagens. O primeiro estudioso moderno que se debruçou sobre essas duas escolas em seus escritos foi o historiador Heinrich Graetz (1817-1891), partidário da abordagem conhecida como "escola histórica" ou "escola histórico-positiva", que era uma das diversas ramificações da *Wissenchaft des Judentum*, que floresceu entre acadêmicos e intelectuais judeus, principalmente na Alemanha, até a primeira parte do século XX. A escola histórica era uma abordagem dos estudos judaicos, organizada em torno do Seminário Teológico de Breslau, que fora fundado nos anos 1840, para marcar uma posição intermediária entre a abordagem de Abraham Geiger, que tendia a considerar todo o desenvolvimento do judaísmo rabínico como um desvio e degeneração da herança mais antiga do pensamento judaico fundada na Alta Antiguidade e a ultraortodoxia, que desdenhava dos métodos da ciência do judaísmo. Esse desdém era transparente na abordagem ultraortodoxa, que, em virtude de sua posição religiosa, via com desconfiança não apenas a moderna crítica bíblica, mas também a noção de uma trajetória histórica do judaísmo em sucessivas fases de elaboração do pensamento judaico. Graetz, em 1845, tornou-se professor do Seminário Teológico de Breslau, depois de ter rompido com seu antigo orientador, o famoso iniciador da ortodoxia moderna Samson Raphael Hirsch. É em sua volumosa obra, *Geschichte der Juden* (História dos Judeus), que este historiador menciona pela primeira vez num contexto moderno a diferença entre as duas escolas, de rabi Akiva e de rabi Ischmael. Sua intenção era provar a tese de que o desenvolvimento do judaísmo rabínico fora, não uma degeneração, mas um florescimento importante do pensamento judaico, que garantiu ao povo judeu a sobrevivência no final da Antiguidade e durante o Medievo, fazendo-o chegar até a Modernidade.

Segundo Graetz[15], foi a partir das controvérsias entre os diversos grupos judaicos no primeiro século, principalmente entre saduceus e fariseus, em torno da legitimidade da *Torá* Oral, que uma mudança significativa que levaria à hermenêutica talmúdica começou a ocorrer. A controvérsia consistia em discutir a autoridade das leis e regulamentos recebidos oralmente, que representavam os ensinamentos de antigas autoridades, conhecidas como os *sofrim* ou os escribas. Não se disputava se essas leis seriam originadas do Sinai, todos concordavam que não. A questão, segundo ele, seria se elas teriam qualquer autoridade e legitimidade. Foi nesse contexto que se distinguiram entre os fariseus, os defensores da tradição oral, dois grupos: Hilel e seus seguidores, que aplicavam técnicas hermenêuticas ao texto bíblico, à *Torá* escrita, para daí extrair a legitimidade da tradição oral; e Schamai e seus seguidores, que se baseavam estritamente na leitura literal do texto e nas tradições que lhes foram transmitidas. Graetz estava, assim, pintando um retrato do desenvolvimento da lei judaica que ele via como sendo enraizada, em última análise, nas ordenações dos *sofrim*. Foi quando a autoridade dessas leis foi desafiada que, segundo sua teoria, teriam surgido as regras de hermenêu-

15. *History of the Jews*, p. 179.

tica do texto para não apenas legitimá-las, mas também prover a possibilidade de seu desenvolvimento com o passar do tempo e a mudança das situações históricas do povo.

Essa controvérsia teria continuidade nas gerações seguintes entre os seguidores de Hilel, que reconheciam duas fontes para as leis extrabíblicas, a tradição e a exegese, e os seguidores de Schamai, que reconheciam somente as leis extrabíblicas recebidas oralmente por tradição. A controvérsia teria seguido no final do primeiro século entre rabi Ieoschua e rabi Eliezer. Foi nessas circunstâncias que, segundo Graetz, teria surgido a necessidade do *Midrasch* como modo de exegese rabínica. Graetz, então, prossegue sua teoria mencionando o aparecimento de uma terceira escola originada em torno do círculo de Nahum de Gimzo. Essa escola buscou outro modo de interpretação que não respeitava os limites da linguagem escrita e favorecia a interpretação esotérica. A culminância desse processo teria acontecido quando a abordagem de Hilel e a abordagem de Nahum de Gimzo começaram a polarizar as discussões entre os sábios, no segundo século, capitaneadas pelos dois líderes dessa geração: rabi Akiva e rabi Ischmael.

A fragilidade da abordagem de Graetz estava em ter ele se apoiado, praticamente, apenas em fontes do *Tamud* de Jerusalém para formar sua teoria. No entanto, a teoria de Graetz tornou-se popular, e outros eruditos, durante o século XIX e o início do século XX, procuraram aprimorá-la estabelecendo, de modo mais apurado, as diferenças entre essas escolas, o que culminou na publicação dos trabalhos de David Zvi Hoffman (1843-1921) que, apesar de rabino ortodoxo, foi também um importante erudito e professor em Berlim.

A inovação de Heschel ao abordar as duas escolas concorrentes de rabi Akiva e de rabi Ischmael foi ter defendido a tese de que as diferenças entre ambas as abordagens não estariam apenas na orientação dada à exegese halákhica, mas se ancorariam, principalmente, em posições religiosas de fundo. Em outras palavras, a razão das diferenças de abordagem entre ambas as escolas de pensamento rabínico basear-se-ia em diferenças teológicas, fruto de distintas situações das experiências religiosas privilegiadas vividas por rabi Ischmael e por rabi Akiva e seus discípulos. Heschel propõe, então, abordar essas diferenças a partir da *Agadá*, isto é, das diferentes narrativas teológico-sapienciais de cada uma dessas escolas.

Usando uma expressão da linguagem rabínica, Heschel denomina rabi Akiva e rabi Ischmael de *Avot Olam*, Pais Eternos, título que, segundo Tucker, deveria ser traduzido e entendido como "paradigmas eternos". Analisando os termos: *Avot*, como em *avot melakhá*, paradigmas de atividades manuais; e *olam*, termo que significa "mundo", porém mais primariamente, "eternidade". Em outras palavras, as escolas de rabi Akiva e de rabi Ischmael são retratadas como sendo os paradigmas das duas abordagens que, segundo Heschel, têm polarizado os debates rabínicos através das gerações. Tucker, em seu comentário à TMH[16], afirma que a expressão *avot olam*, usada por Heschel, não deveria ser tomada como uma tese histórica simplista sobre o pensamento rabínico, em que cada voz rabínica é entendida como sendo um akiviano ou um ischmaeliano. O uso que Heschel faz dessa expressão deve ser entendido, a partir da filosofia da religião, como sendo uma tese sobre os paradigmas do pensamento judaico oriundos da experiência religiosa, que, desde os primórdios, tem polarizado o judaísmo rabínico por sucessivas gerações, criando a tensão dinâmica da dialética do pensamento religioso judaico.

Segundo Heschel, os caminhos divergentes de rabi Akiva e rabi Ischmael são fruto da experiência religiosa coletiva, ainda que focalizada em indivíduos, e da lapidação do pensamento das gerações que os precederam. Elas não apareceram de uma hora para outra na passagem do primeiro para o segundo século de nossa era. Sua fonte tem origem em diversas abordagens da experiência religiosa judaica que foram sendo passadas e refinadas no curso muitos séculos.

> A nação foi com o passar das gerações acumulando tesouros de pensamento, e R. Ischmael e R. Akiva serviram como divulgadores de vozes e ecos das gerações que os precederam. No entanto, foi também em suas escolas que essas ideias se cristalizaram e tomaram uma forma inusitada para as gerações anteriores. Pois eles foram hábeis em canalizar antigas e poderosas correntes de pensamento religioso e, por terem feito isso, nutriram as gerações que vieram depois[17].

16. *Heavenly Torah*, p. XXIX.
17. TMH, V. 1, p. XLI.

Em TMH, Heschel não se propõe apenas a fazer um estudo comparativo das duas correntes, mas, antes, a entrar na profundidade desses dois modos de relacionar-se com o sagrado de uma forma que transcende as ideias individuais. É a isso que Tucker se refere quando afirma que a abordagem de Heschel é antes fenomenológica do que histórica. Heschel apresenta rabi Ischmael e rabi Akiva como paradigmas de dois modos distintos do pensamento religioso judaico que polarizaram a tensão entre as posições teológicas rabínicas que têm existido nos últimos dois mil anos no pensamento judaico[18]. A extensão da existência e duração dessas duas escolas no período tanaítico (entre os séc. I e séc. II) é uma questão histórica de menor importância no trabalho feito por Heschel. O que ele se propõe, com esses paradigmas, é a entender a trajetória e a tensão da dialética teológica do judaísmo rabínico. O quadro que emerge é, em vez de uma teologia sistemática, uma tese sobre por que o judaísmo desenvolveu uma dialética teológica que se polariza entre duas visões antitéticas, ético-racionalista e místico-esotérica, para lidar com, entre outras coisas, a experiência religiosa da revelação.

DIFERENÇAS ENTRE RABI AKIVA E RABI ISCHMAEL SEGUNDO HESCHEL

Rabi Ischmael, que procedia da elite sacerdotal e era filho de um sumo sacerdote, é retratado por Heschel como delicado e intelectualmente reservado (*tzniut ha-mahschavá*). Seu modo de pensar tinha como virtudes a clareza e a sobriedade. Era alguém que buscava o caminho do meio (*darko betavekh*)[19], cujas palavras eram cuidadosamente medidas e preferia uma medida de lucidez (*havaná*) a nove medidas de extremismo (*haflagá*). Para ele, o paradoxo era um anátema. Dava preferência à explicação, que hoje seria chamada de naturalista, com relação aos milagres descritos hoje no texto bíblico. Para rabi Ischmael, era mais importante a reflexão e a dedução lógica sobre aquilo que está

18. S. H. Krieger, *The Place of Storytelling in Legal Reasoning*, p. 10.
19. TMH, v. 1, p. XLII.

escrito e dado como seguro pela tradição do que aquilo que se encontra além dos limites da apreensão, escreve Heschel, citando uma tradição que conta que sonhar com rabi Ischmael é um sinal de que será dada a sabedoria. O método de rabi Ischmael rejeitava o antropomorfismo com relação a Deus e a metáfora, desencorajando o uso de imagens literárias e a linguagem denotativa para explicar seu ponto de vista.

Rabi Akiva, por outro lado, é retratado por Heschel como homem fervoroso, poeta que penetrava a profundidade das palavras da *Bíblia* e o potencial da língua e que não temia lidar com o antropomorfismo, encontrando no texto as pistas dos segredos da *Torá*. Seu pensamento buscava inspirar a ação de seus discípulos. Ele mesmo foi um homem de ação, que participou como líder espiritual da revolta de Bar-Kokhba, em 132 E.C., no início do segundo século, contra o imperador romano Adriano. Ao contrário da posição mais extremista de confrontação de rabi Akiva e partidário do martírio, rabi Ischmael era favorável, por motivos práticos, a um caminho de acomodação com os romanos, contra a revolta e o consequente martírio por estudar a *Torá* em público. Heschel, poeticamente, resume a diferença de atitude entre eles afirmando que "no santuário de rabi Akiva ressoava uma música triunfante... enquanto no santuário de rabi Ischmael ressoava uma voz suave"[20].

Rabi Akiva é lembrado na literatura rabínica como um dos quatro sábios que penetraram no Pardês, o Pomar – nome dado na literatura rabínica dos primeiros séculos à experiência mística. Dos quatro que entraram, apenas de rabi Akiva é dito que entrou em paz e saiu em paz. Com relação aos outros três, diz-se que, um tornou-se herege, um enlouqueceu e outro morreu. Do Pardês deriva a interpretação mística das escrituras baseada na leitura acompanhada de métodos de meditação profunda. O discípulo mais conhecido de rabi Akiva foi rabi Schimon Bar Iohai, considerado na tradição como o autor lendário do *Zohar*[21], que é a obra central da mística judaica medieval, a Cabala.

Em TMH, Heschel examina várias séries de *agadot* atribuídas a rabi Akiva e rabi Ischmael e suas respectivas escolas.

20. TMH, v. 1, p. XLIII.
21. O *Zohar* é um extenso comentário místico sobre o *Pentateuco* que ocupa vários volumes.

Muitas dessas narrativas referem-se ao mesmo assunto, mas os pontos de vista são significantemente dissimilares. Um exame dessas diferenças, tal como retratadas por Heschel, dá uma demonstração das distinções entre os *Avot ha-Olam* (Paradigmas Eternos). A seguir, serão examinados de forma mais pontual alguns exemplos de como Heschel retrata as diferentes posições teológicas dessas duas escolas.

Milagres

As narrativas bíblicas mencionam muitos milagres que ocorrem no mundo, em especial com relação ao êxodo dos israelitas do Egito e em relação à entrega *Torá* no Monte Sinai. Krieger[22] nota que, durante o período crítico do início do segundo século da era comum, quando intensa perseguição, exílio e sofrimento foram vividos pelo povo judeu, a questão de saber se milagres como aqueles poderiam ainda ser possíveis, e se a intervenção Divina poderia eventualmente aliviar a carga do povo era uma questão central para o pensamento religioso. Nas *agadot* de rabi Akiva e de rabi Ischmael, encontram-se respostas divergentes a essa questão. "Enquanto R. Akiva interpretava eventos corriqueiros ocorridos na geração de Moisés como milagres produzidos pela mão de Deus, rabi Ischmael buscava a explicação mais simples e não hesitava em afirmar que eles foram ocorrências ordinárias"[23]. Rabi Ischmael tendia a afastar-se das maravilhas e dos milagres e a enfocar a manutenção da ordem natural, pois, como afirma Tucker[24], na visão de rabi Ischmael, Deus revelou a *Torá*, criou o mundo e dotou cada um deles com sua própria natureza autônoma e lógica interna. Por outro lado, a tendência de rabi Akiva era sublinhar a ação do sobrenatural no mundo e na *Torá*. Mesmo os milagres relatados no texto bíblico foram embelezados e tornados mais grandiosos do que o que está nas Escrituras.

Observe-se uma passagem do *Êxodo* ocorrida após a entrega dos Dez Mandamentos como ilustração dessas duas abor-

22. Op. cit., p. 14.
23. TMH, v. 1, p. 24.
24. *Heavenly Torah*, p. 65.

dagens. O texto bíblico relata que Moisés abateu bois, "tomou metade do sangue e colocou-o em bacias e em seguida selou a aliança aspergindo o sangue sobre o povo (*Ex* 24, 6). Como foi que Moisés fez para dividir o sangue em exatamente duas metades? Um discípulo de rabi Akiva mantinha a opinião de que Moisés não fez nada, o sangue dividiu-se miraculosamente. Rabi Ischmael, no entanto, sustentava sozinho, em sua época, que Moisés era um profundo conhecedor das particularidades do sangue, sabia muito bem como dividi-lo e determinou a quantidade por ele mesmo, pois está escrito que "Meu servo Moisés, ele é o mais confiável em Minha casa" (*Nm* 12, 7). Na versão de rabi Ischmael, vê-se iniciativa humana e conhecimento; na versão da escola de rabi Akiva, a intervenção Divina.

Outro exemplo das abordagens divergentes dessas duas escolas com relação ao sobrenatural pode ser ilustrado pelo famoso milagre da divisão do mar, quando os israelitas deixaram o Egito. A posição ischmaeliana, ao contar essa passagem, buscou dar um tom racionalista ao milagre. Deus secou o fundo do mar, mas não completamente, a água formava uma parede, quer dizer que era algo parecido com uma parede[25]. Eles nem atravessaram o mar, apenas a maré baixou muito e eles entraram onde antes era mar e, quando os egípcios foram em seu encalço, deram meia volta e voltaram ao mesmo lugar de onde tinham saído. Por outro lado, o estilo de florear a narrativa, característico de rabi Akiva, leva-o a proclamar que as dez pragas do Egito foram em verdade 50 e, no mar, elas foram 250. Novamente, aqui, a abordagem ischmaeliana tenta diminuir o sobrenatural, enquanto a abordagem akiviana tenta magnificá-lo.

Mesmo em relação ao maná, o miraculoso alimento dos céus mandado por Deus seis dias por semana, enquanto os israelitas estavam no deserto, é visto por rabi Ischmael de uma perspectiva racionalista. Enquanto muitos sábios consideravam a expressão "pão dos céus" no seu sentido literal, a escola de rabi Ischmael narrava essa passagem do seguinte modo: "O Eterno abrirá para ti o seu bom tesouro, os céus" (*Dt* 28, 12). *Schamaim*, "céus" é um epíteto para Deus, o Celestial. "Pão

25. TMH, v. 1, p. 25.

dos céus" significa, pois, o alimento que vem com a ajuda de Deus, não literalmente vindo dos céus. Rabi Ischmael perguntava: "Será que você imagina mesmo que Deus de fato abriu literalmente os céus? Na verdade, esses versículos se referem à benção Divina. Assim, 'pão dos céus' significa o alimento vindo pela graça e com o auxílio de Deus, que pode ser encontrado em toda parte"[26]. Rabi Akiva, por outro lado, expandiu o texto afirmando que o maná seria o alimento dos anjos[27].

Todas essas passagens demonstram a diferença entre as duas escolas, com relação ao milagre, ao sobrenatural: onde rabi Ischmael via a ordem natural, rabi Akiva via milagres.

Oferendas Sacrificiais

Partindo da discussão rabínica sobre qual o princípio que norteia todas as *mitzvot*, os mandamento da *Torá*, Heschel expõe o debate entre rabi Akiva e rabi Ischmael. Para o primeiro, tal princípio é: "Amarás ao teu próximo como a ti mesmo (*Lv* 19, 18) – esse o grande princípio da *Torá*". Para o segundo, por outro lado, o princípio geral seria baseado na proibição da idolatria. Séculos mais tarde, o racionalista Maimônides desenvolveria esse princípio até suas ultimas consequências.

É a partir dessa posição que rabi Ischmael e, após ele, Maimônides sustentam que o sistema de sacrifícios estabelecido na *Torá* só foi ordenado depois do pecado do Bezerro de Ouro, quando Deus teria visto que os israelitas precisavam de um sistema ritual que canalizasse seus desejos idólatras. Desse modo, o sistema de sacrifícios seria antes mais necessidade humana do que Divina. Para a escola de rabi Akiva, o sistema de sacrifícios seria uma necessidade de Deus. Segundo esse ponto de vista, enquanto os ídolos têm nariz, mas não sentem nada, Deus sente prazer com o odor das oferendas queimadas no altar[28]. Desse modo, os sacrifícios foram ordenados para satisfazer uma necessidade Divina. Disso vem a crença de que, nos tempos messiânicos, o Templo será reconstruído e o

26. Idem, p. 29.
27. Idem, p. 27.
28. Idem, p. 44.

sistema de sacrifícios, restaurado. Tucker[29] comenta que essa diferença de abordagem está por trás de discussões modernas entre os rabinos sobre a possibilidade de introduzir ou não mudanças nos rituais. Procura-se definir se os rituais servem a uma necessidade humana e são basicamente convenção ou se eles têm um sentido sacramental e cósmico e, nesse caso, qualquer mudança retiraria sua eficácia metafísica. Segundo a visão ischmaeliana, ao oferecer sacrifícios a Deus, os israelitas não estavam satisfazendo nenhuma necessidade Divina, mas canalizando a necessidade humana de aproximar-se de Deus conforme o padrão predominante da época. O prazer de Deus seria o de ter seus mandamentos acatados, o que acarretaria recompensas aos israelitas por serem fiéis e voltarem-se para Deus, em lugar de se preocuparem com os ídolos. Por outro lado, rabi Akiva lembra que é Deus quem afirma: "Não Desejo nada mais do que sacrifícios, seu cheiro doce me deleita"[30].

Deus e a Presença Divina

Assim como nas narrativas sobre milagres e oferendas sacrificiais do Templo, as duas escolas de rabi Akiva e de rabi Ischmael apresentam visões e conceitos divergentes sobre Deus nas *agadot* atribuídas a cada uma delas. Heschel expõe essas visões divergentes a partir dos ensinamentos atribuídos a um e a outro sobre a Schekhiná, a Presença Divina no mundo.

A noção rabínica de Schekhiná, da Presença Divina no mundo, desenvolveu-se da leitura de versículos da *Torá* escrita, como, por exemplo, em *Deuteronômio* 12, 11 e 14, 23, onde se afirma que Deus (YHWH) faz habitar (*schakhan*) o seu nome no Templo. Na tradução rabínica da *Bíblia* para o aramaico, o *Targum de Onkelos*, nessas passagens aparece o termo Schekhiná. Desse modo, Schekhiná (aquela que habita) se tornou, na literatura rabínica, a designação para a Presença Deus que desce ao mundo para morar no meio de seu povo (*Avot* 3:2, *Mekhilta de rabi Ischmael*: *Ex* 14, 2). Assim, expressões como saudar a face

29. *Heavenly Torah*, p. 71-2.
30. TMH, v. 1, p. 45.

da Schekhiná (comparecer diante de Deus no Templo); colocar alguém debaixo das asas da Schekhiná (converter alguém a Deus); são formas de referir-se à relação com Deus. Também é importante ressaltar que na linguagem rabínica do *Talmud* e do *Midrasch* a Schekhiná é uma das muitas denominações usadas para referir-se a Deus sem pronunciar o seu nome próprio, o tetragrama (*Schem Hameforesch*). Outras designações encontradas na literatura rabínica são: *Ha-Schem* (o Nome), *Ha-Makom* (o Lugar), *Ha-Kadosch Barukh Hu* (O Santo Bendito Seja Ele), *Marom* (o Altíssimo) e *Schamaim* (o Céu).

Como já foi mencionado acima, em face da aparente profusa desordem de opiniões encontrada na literatura agádica, a maioria dos pesquisadores modernos e contemporâneos procurou alinhavar uma unidade em relação a esse conceito tão central do pensamento rabínico. Um exemplo disso é o capítulo da monumental obra de Urbach dedicado à Schekhiná. As fontes rabínicas são discutidas em confronto com outras fontes judaicas anteriores e com o pensamento grego helenístico. A informação sobre em que obras o termo é mais usado, além de suas possíveis implicações posteriores, é inestimável. O mesmo ocorre em uma obra mais recente como *Mirror of His Beauty: Feminine Images of God From the Bible to the Early Kabbalah*, de Peter Schäfer, 2002, dedicada, como o título indica, ao estudo do Divino e o feminino. Nessa obra há também um capítulo dedicado ao conceito de Schekhiná entre os primeiros rabinos e, novamente, as fontes são tratadas com a intenção de alinhavar uma visão unitária. A impressão deixada no leitor por essas e outras obras é que, em que pesem pequenas diferenças entre as fontes, não haveria nenhuma divergência teológica fundamental entre os primeiros rabinos sobre a noção de Schekhiná.

Heschel, no entanto, começa sua abordagem desse tema mais uma vez criando um debate entre rabi Akiva e rabi Ischmael sobre a definição do lugar onde está a morada da Schekhiná. A partir desse debate, é possível notar diferentes pontos de vista sobre o que é entendido como sendo a Presença Divina. A questão central desse debate, segundo Heschel, é: "A Schekhiná está no oeste ou em todo lugar?" A partir da liturgia diária, Heschel mostra que, durante a Amidá, a principal oração, os judeus fazem declarações divergentes. Recita-se: "Toda a Terra está cheia de Sua Glória" (*Is* 6, 3) e, em seguida, recita-se na mesma oração "Onde está o lugar de Sua Glória?" A Presença Divina está em toda parte ou em algum lugar especial?

Segundo Heschel, rabi Ischmael pergunta: "Será possível para mortais localizar seu Criador? Rejeitando a ideia de que Deus possa ser localizado ou relacionado a um lugar específico no espaço, rabi Ischmael formula o conceito de que "a Schekhiná está em todo lugar"[31]. Em outras palavras, estabelece que a Presença Divina transcende o espaço e é somente de modo metafórico que se pode falar da Presença Divina no mundo. Heschel considera ischmaeliana a explicação de rabi Iossef ben Halafta, que aparece no *midrasch Bereschit Rabah* 69:9, de que Deus é chamado de *Ha-Makom*, o Lugar (o Onipresente), por "Ele ser o lugar do universo, mas o universo não ser o seu lugar"[32]. Maimônides, que em muitos aspectos de seu pensamento se aproxima da posição ischmaeliana, afirma, muitas gerações depois de rabi Ischmael, que Deus não é corpo e não se assemelha a corpo e que Ele transcende todo o espaço.

Por outro lado, segundo rabi Akiva, para quem a Glória Divina desceu literalmente sobre o monte Sinai, a Schekhiná habita "no oeste", isto é, no *Kodesch Ha-Kodaschim*, o Santo dos Santos, a câmara mais ocidental do Templo de Jerusalém para quem entrava no Templo por seu portão principal, que ficava a leste. Em outras palavras, a Presença Divina tem como seu local preferencial de moradia neste mundo o monte do Templo em Jerusalém. Lá se encontra, segundo essa visão, o centro do mundo. O Templo de Jerusalém teria, assim, segundo essa opinião teológica, a função de servir como morada Divina entre os homens. Deus moraria inclusive muito mais neste mundo do que nos céus. Há assim uma santidade especial na cidade de Jerusalém e, em especial, no monte Moriá. Obviamente, se o Templo foi destruído, então a Schekhiná partiu junto com o povo judeu para o exílio. Apesar de racionalmente paradoxal, essa dedução de que Deus foi para o exílio com seu povo para não deixá-lo só é uma imagem teologicamente muito poderosa e reconfortante.

Essas duas visões teológicas opostas têm divergentes implicações na prática religiosa. Para os sábios que, como rabi

31. Idem, p. 55.
32. Idem, ibidem.

Ischmael, advogavam a noção de que Deus transcende completamente o espaço, o fiel pode se voltar para qualquer direção durante suas orações. Por outro lado, para aqueles que, como rabi Akiva, afirmavam que Deus habita preferencialmente no Templo, em Jerusalém, é na direção de Israel, de Jerusalém e do Templo que o fiel deve se voltar quando ora.

O Deus akiviano é muito próximo dos seres humanos na medida em que participa de seu sofrimento, indo para o exílio com seu povo e sendo redimido junto como ele. Esse Deus é tão próximo que imagens antropomórficas podem ser usadas sem ferir sua grandeza. Ele é um Deus que se revela e que pode até mesmo ser visto em ocasiões especiais pelo povo todo ou pelos *tzadikim*, os justos, quando entram no Pardês, durante a experiência mística. Como exemplo, considere-se a interpretação, encontrada nas *agadot* atribuídas a rabi Akiva ou a seus discípulos, da passagem dos israelitas pelo mar: esse episódio é carregado de um tom de proximidade antropomórfica. Depois da passagem pelo mar, o texto bíblico relata que o povo cantou uma canção para Deus, a chamada *Schirat Ha-Iam* (Canção do Mar), onde um verso afirma que "o Eterno é um homem de guerra" (*Ex* 15, 3). Segundo um discípulo de rabi Akiva, "Deus revelou-se e foi visto naquela ocasião com toda a Sua armadura, como um guerreiro empunhando Sua espada, como um cavaleiro, com armadura, elmo, lança e escudo"[33].

Essas imagens não são apenas masculinas. Comentando a passagem da décima praga infligida aos egípcios, na noite da morte dos primogênitos, quando Deus passou sobre as casa dos israelitas, a escola de rabi Akiva retrata Deus como uma mãe protegendo e dando de mamar ao seu bebê.

Em contraste com o ponto de vista akiviano, rabi Ischmael costumava interpretar as imagens do texto bíblico de modo a torná-las mais abstratas. Com relação à mesma passagem da travessia do mar e da canção, ele tece um comentário diferente do comentário akiviano: "O Eterno é um homem de guerra – Será que isso pode realmente ser dito? Não é também afirmado 'Pois Eu preencho os céus e a terra, é a pronunciação do Eterno?' " (*Jr* 23, 24). O que então esta expressão "O Eterno

33. Idem, p. 186.

é um homem de guerra" vem a significar para rabi Ischmael? Deus diz a Israel, "Por causa do vosso amor por Mim e por vos terdes tornados santos pela guarda dos meus mandamentos, Eu santificarei meu nome por intermédio de vós, assim como está escrito: Apesar de Eu ser Deus e não homem, no entanto Eu estarei no vosso meio" (*Os* 11, 9)[34]. Deus atua pelo poder do Seu nome e não precisa de armamentos.

A visão akiviana de Deus fala de uma Divindade próxima na sua relação com os homens e com este mundo, onde as fronteiras entre o céu e a terra são tênues e onde o milagroso pode despontar a cada instante. Nas narrativas ischmaelianas, Deus é retratado como transcendente e distante dos afazeres deste mundo, não intervindo nos ciclos naturais nem no dia a dia do povo em sua labuta diária e em seu caminho de vida. Heschel nos mostra que ambas essas visões de Deus estão enraizadas na literatura judaica. Essa divergência entre Akiva e Ischmael, com relação à experiência religiosa, fica ainda mais clara quando ambas se voltam para o problema do sofrimento neste mundo.

Sofrimento

O sofrimento é parte da experiência humana mais comum. Dessa forma, ele é objeto tanto do pensamento racional filosófico quanto do *insight* do homem religioso. Muitas tradições religiosas e sistemas filosóficos desenvolveram reflexões e ensinamentos sobre o sentido mais profundo da aflição, da dor, do pesar e do sofrimento em geral. O judaísmo tem, certamente, uma vastíssima literatura sobre esse tema em passagens espalhadas em todas as suas coleções de textos sagrados, religiosos e sapienciais, desde a *Bíblia*, passando pela literatura sapiencial e apocalíptica do período do Segundo Templo, até a literatura rabínica, tanto talmúdica quanto medieval, chegando até o pensamento judaico moderno (*mahschevet Israel*). O tema do sofrimento também é abordado por Heschel em vários textos de sua obra. Segundo ele, o sofrimento tem sido explicado a partir de duas teologias divergentes na tradição rabínica.

34. Idem, ibidem.

A teologia naturalista e racionalista de rabi Ischmael entende Deus como transcendente e distante, como pensam também, por exemplo, Rosenzweig e Lévinas, que afirmam que Deus e o mundo não podem ser confundidos. De acordo com rabi Ischmael, o sofrimento é resultado da transgressão e é sempre associado à justiça divina. Por outro lado, a teologia mística e "supernaturalista" de rabi Akiva apresenta o ensinamento, a princípio paradoxal, de que o sofrimento é antes associado à compaixão divina do que ao atributo da justiça.

Rabi Akiva defende ensinamentos como: "Os sofrimentos são preciosos" e "Que uma pessoa esteja mais alegre nas aflições do que quando o bem lhe acontece". Akiva foi por 24 anos discípulo de Nahum de Gimzo, o sábio de quem se conta que tinha os braços e as pernas amputados e o corpo todo coberto de feridas recebidas dos Céus como forma misericordiosa a ele concedida para pagar seus pecados neste mundo e não no *olam rabá*, a vida futura. Foi no método de Nahum que, como já foi comentado acima, rabi Akiva se baseou e expandiu seu próprio método de interpretação da *Torá*. Akiva interpreta o versículo "Tu deves amar o Eterno teu deus de todo o teu coração, toda tua alma e todo teu poder (*meodekha*)" (*Dt* 6, 5), pela leitura de *midekha* como "tua medida", no lugar de *meodekha*, "*teu poder*". Ensina, assim, que Deus deve ser amado, sem levar em conta a medida de bem ou de mal que Ele nos reserve nesta vida, pois o valor do sofrimento é que ele expia nesta vida os desvios dos homens. "Como uma pessoa que goza de prosperidade durante toda a sua vida expiaria suas transgressões (pecados)? Através do sofrimento"[35]. Assim, o sofrimento nesta vida é visto como uma forma de compaixão divina pelos homens, pois é melhor uma vida inteira de sofrimento neste mundo do que um segundo de sofrimento na vida futura. Além disso, o sofrimento finito neste mundo finito é infinitésimo, se comparado com a eterna bem-aventurança do mundo vindouro. Mesmo a sabedoria da *Torá*, segundo essa teologia, só pode ser adquirida por meio da aflição. Em decorrência dessa visão, o sofrimento é, assim, visto como fruto da participação de Deus neste mundo. Deus, que sabe o valor do sofrimento, pois ele mesmo também

35. Idem, p. 95.

sofre. O Deus akiviano é, segundo Heschel, o Deus do *páthos*. É a Akiva que Heschel atribui a origem da noção de *páthos* divino, que ele mesmo adotou em seu pensamento.

Rabi Ischmael, por outro lado, não concorda que os sofrimentos sejam ligados à compaixão divina. Para ele, por ser fruto da justiça divina, o sofrimento deveria ocorrer como castigo aos iníquos, e os justos deveriam viver nesta vida nas graças de Deus. Assim, segundo Heschel, a resposta ischmaeliana para o sofrimento do justo se apresenta como uma visão mais sombria de Deus. Heschel considera que rabi Ischmael e Moisés não viram com resignação os sofrimentos de Israel. Apontando para a similaridade do som das palavras, ensinava com um trocadilho que a frase entoada pelos israelitas durante a travessia do mar: "Quem é como Tu, ó Eterno, entre os poderosos?" não deveria ser pronunciada "entre os poderosos" (*baeilim*) mas "entre os mudos" (*bailemim*). "Quem, como Tu, vê a humilhação de Seus filhos e se cala?"

Tucker, em seu comentário a esse capítulo de TMH, relaciona a posição akiviana com a noção heschelianа de Deus que participa do mundo com seu *páthos*, como sendo o *most moved mover*, o mais móvel dos motores. Para ele, essa posição de Deus mais próximo contradiz a noção ischmaeliana e aristotélica, de grande aceitação no período medieval, de Deus como o motor imóvel. Um Deus completamente transcendente não participa do sofrimento; para tanto, isto é, para entender esse aspecto da existência humana, esse Deus deve também estar presente neste mundo.

Aqui temos outro exemplo da diferença entre a abordagem hescheliana e aquela mantida, em geral, por outros estudiosos modernos sobre o pensamento dos primeiros rabinos. Urbach também dedica um capítulo ao tema do sofrimento na literatura rabínica do período talmúdico. Ele apresenta a opinião de rabi Akiva sobre o sofrimento como sendo o principal ponto de vista aceito entre os rabinos, colocando em segundo plano outras teologias[36]. Embora mostre opiniões divergentes, estas são por ele apresentadas como divergências individuais que fugiriam da principal noção akiviana de que o sofrimento é precioso e, no final, bom.

36. *The Sages*, p. 444-448.

PERSPECTIVA CELESTE E PERSPECTIVA TERRENA

Como já foi visto, a filosofia da religião desenvolvida por Heschel é voltada para a experiência religiosa, antes mesmo de voltar-se para as ideias teológico-religiosas. Heschel denomina essa abordagem de "pensamento situacional". De acordo com ela, a situação da experiência de fé do homem religioso é fundamental para entender como as ideias religiosas, seu credo, se organizam de um modo que tenham sentido. Essas noções são utilizadas por ele em sua abordagem das diferenças religiosas entre rabi Akiva e rabi Ischmael e, por extensão, das posições akiviana e ischmaeliana na literatura rabínica posterior.

Heschel chama rabi Akiva de *isch ha-mistorin* e rabi Ischmael de *isch ha-pschat*. O termo hebraico *mistorin* significa algo secreto, oculto, fora das vistas e é usado na literatura rabínica e por Heschel para referir-se à mística. Akiva, portanto, é o homem místico e voltado para o lado secreto da experiência religiosa. Tucker, em sua tradução, usa para *isch hamistorim* a expressão *esoteric personality*, que dá a noção de uma disposição pessoal para o lado esotérico, secreto, da experiência religiosa. Para o homem místico, a dimensão velada da *Torá* é maior e mais importante do que o texto em sua superfície. O texto bíblico não é, portanto, acessível a todos.

O termo hebraico *peschat*, de *isch ha-pschat*, vem de uma raiz hebraica que tem o sentido geral de simples, despido, literal. Desse modo, *peschat* significa aquilo que é simples e sem ocultamentos, e veio a ser usado na literatura rabínica como o método de ler o texto bíblico enfatizando seu sentido literal e contextual. Ao chamar rabi Ischmael de *isch ha-pschat*, refere-se a um homem religioso voltado para outra experiência religiosa, bastante diferente da experiência mística. Ele prefere viver a vida religiosa em sua dimensão diária e com consciência possível nessa situação. Em tal dimensão, os milagres são escassos e o universo e Deus têm estatutos muito diferentes, de modo que a dimensão interpessoal neste mundo é muito mais enfatizada. Tucker traduz a expressão *isch ha-pschat* como *exoteric personality*, ressaltando a disposição íntima do homem religioso voltado para o lado revelado da realidade. Para esse homem que vê a realidade despida de ocultamentos, a dimensão simples e contextual da *Torá*, aquela que pode ser entendida como a luz natural da razão, é a dimensão por excelência do texto. O texto bíblico tem polifonias e entrelinhas, mas seu significado mais importante é aquele já revelado a todos.

De acordo com Heschel, a partir dessas duas espiritualidades divergentes é que foram construídas duas perspectivas teológicas opostas no judaísmo rabínico: a *aspalaria schel maala* e a *aspalaria schel mata*, a perspectiva celeste e a perspectiva terrena. Essas duas perspectivas são construídas na argumentação do *pilpul* hescheliano como uma *makhloket ha-tanaim*, uma controvérsia entre dois sábios da *Mischná*. Esse tipo de controvérsia não tem solução definitiva.

A *aspalaria schel maala*, a perspectiva celeste, é também chamada por Heschel de "perceptiva transcendental". Segundo essa perspectiva teológica, o mundo tem uma dimensão terrestre e uma celeste, e a celeste, espiritual, é sua dimensão fundamental, pois as coisas na dimensão terrestre seguem o modelo das coisas celestes mais próximas do ímpeto original da criação. Nisso repousa um modelo teológico muito próximo do pensamento platônico. No entanto, segundo essa perspectiva, as duas dimensões, a celeste e a terrestre são permeáveis, e podem se influenciar mutuamente. O fundamento da realidade é transcendente, mas, como as fronteiras entre este mundo e o mundo vindouro são permeáveis, Deus pode tornar-se imanente, vindo habitar este mundo entre os homens. Essa é a ideia de que a Schekhiná veio habitar este mundo. Ao mesmo tempo, o homem, especialmente o *tzadik*, o justo, o santo, pode ir ao céu ainda nesta vida e ter uma audiência com Deus e os anjos. Nas *agadot* escritas com essa perspectiva, Moisés subiu ao céu para receber a *Torá* e rabi Akiva entrou no Pardês em paz e saiu em paz. O contato direto com Deus, a experiência mística, é possível.

A definição de mística não é consenso entre os autores modernos. A questão, porém, é saber se há uma definição de mística na obra de Heschel e se o que ele afirma em TMH é coerente com o resto de sua obra. Heschel, ele mesmo considerado em seu tempo[37] pelos círculos intelectuais norte-americanos

37. E. Kaplan, *Spiritual Radical*, p. 112.

um místico, apresenta no artigo "The Mystical Element in Judaism" sua definição mais elaborada de mística na religião judaica. Ali, ele afirma que os místicos entendem que as ideias racionais são apenas reflexos da luz do sol: "Eles querem ver o sol diretamente"[38], não apenas seu reflexo. Esse desejo de encontro direto com Deus seria, então, a característica básica da mística judaica.

> Para os cabalistas, Deus é tão real quanto a vida, e ninguém estaria satisfeito em meramente saber ou ler sobre a vida. Desse modo eles não estão contentes em supor ou provar logicamente que há um Deus, eles querem senti-Lo e apreciá-Lo. Não apenas obedecer-Lhe, mas também aproximar-se Dele. Eles querem sentir o trigo integral do espírito antes que seja moído pelos moinhos da razão[39].

Heschel distingue a experiência mística de aproximar-se de Deus, que está além dos limites dos conceitos e das palavras, da mera razão ordinária (*ordinary reason*). É desse modo que o místico consegue perceber a reverberação Daquele que está além (*beyond*) em cada ação neste mundo. Essa noção de experiência mística é aplicada por Heschel para caracterizar a mística judaica em geral e não a experiência do cabalista, pois ele traça uma linha que vai dos apocalípticos, passando por rabi Akiva e seu discípulo Schimon bar Iohai, até os cabalistas medievais e o hassidismo.

A espiritualidade, vista da perspectiva imanentista ou terrena, segue um caminho exemplificado pela filosofia de Franz Rosenzweig, que traça um claro limite entre Deus, o mundo e os homens. Deus não pode ser confundido com o mundo, e a ação do sobrenatural no mundo é, no máximo, vista como escassa. Traços da passagem de Deus podem ser percebidos, mas nenhum contato direto é possível, pois Deus sendo completamente transcendente é também completamente Outro em relação aos seres humanos. O mundo e os seres humanos têm, cada um, estatuto próprio e é a partir deste mundo que a espiritualidade deve ser vivida. O contato com Deus se dá imitando suas ações. Como explica Lévinas, um representante moderno dessa espi-

38. *Moral Grandeur and Spiritual Audacity, Essays*, p. 164.
39. Idem, ibidem.

ritualidade mais singela, aquilo que na *Agadá* é apresentado na forma teológica é lido na chave ética[40]. Assim, se de Deus é dito que Ele ajuda os necessitados ou conforta os doentes, nós é que devemos ajudar os necessitados e confortar os doentes. Mas como é possível que uma religiosidade racionalista se distancie da experiência mística? Certamente, não se trata da religião da razão entendida apenas como a razão materialista e cientificista moderna. Heschel não está, portanto, tratando do debate moderno entre fé e razão. Trata do debate entre a mística e a razão na fé, naquilo que move os seres humanos na vida religiosa. Desse modo, o componente central dessa espiritualidade racionalista é focado no *derekh eretz*[41], na ética das relações intersubjetivas. A conduta correta e a responsabilidade pelo outro, mais do que o ritual, é o caminho dessa espiritualidade mais contida. No artigo "Une Religion des Adultes"[42], Lévinas distingue esse caminho de uma espiritualidade racional, que se realiza na ética, da religião sacramental voltada para o sobrenatural e centrada na ética. Para Lévinas, a ética não é o corolário da visão de Deus, é a visão de Deus, pois a ética é uma óptica. Para Ira Stone, outro autor contemporâneo que expressa essa perspectiva terrena, relacionando o movimento Mussar, que floresceu nas academias rabínicas lituanas e anti-hassídicas do século XIX, como a filosofia de Lévinas, a pergunta central de uma teologia da revelação é "Como sabemos aquilo que nós devemos fazer?"[43]. Heschel traça uma linha de continuidade entre os discursos éticos da profecia clássica, passando por rabi Ischmael e Maimônides, na Idade Média, até o racionalismo religioso da Hascalá e o movimento do Mussar. Certamente, seus pares no corpo docente do Jewish Theological Seminary, como o filósofo Moderchai Kaplan, o talmudista Saul Liberman e o estudioso do pensamento rabínico Max Kadushim, poderiam ser caracterizados como representantes desse caminho, assim como grande parte da ortodoxia moderada e das correntes liberais no judaísmo moderno.

Uma importante diferença entre essas duas espiritualidades e pontos de vista teológicos no judaísmo rabínico, demonstrada por

40. *Quatro Lições Talmúdicas.*
41. TMH, v. 1, p. 120.
42. Ensaio fundamental de Lévinas que ainda não foi traduzido para o português.
43. *Reading Lévinas*, p. 15.

Heschel no debate sobre os *taamei ha-mitzvot*, consiste no motivo de terem sido ordenados mandamentos (*mitzvot*) na *Torá*:

> O ponto de vista [*aschkafá*] transcendentalista, e dentro dele um modo de pensar, busca penetrar no mundo de cima (celeste) e busca entender os assuntos da *Torá* com as lentes de cima. E um ponto de vista imanentista, e dentro dele um modo de pensar modesto e sóbrio que se contenta em entender os temas de *Torá* através de lentes voltadas para o destino do homem neste mundo"[44].

Na sequência, o autor argumenta que, para o ponto de vista transcendentalista, os mandamentos foram dados por uma necessidade Divina e, ao guardá-los, o ser humano participa do drama cósmico influindo na ordem tanto deste mundo quanto do mundo celeste, o que torna sacramental a ação de quem os pratica. Por outro lado, para o ponto de vista imanentista, os mandamentos foram dados para outorgar mérito sobre Israel[45], em outras palavras, para purificar os seres humanos. Ao guardar as *mitzvot*, o ser humano eleva seu caráter, humaniza-se e eleva-se espiritualmente sem que isso tenha uma influência central na ordem cósmica ou Divina.

Uma vez estabelecida a noção dialética de duas *aschkafot*, dois pontos de vista religiosos, de duas *aspaklariot*, duas lentes teológicas opostas, em tensão através das gerações de rabinos, o *pilpul* construído por Heschel passa, então, ao nível seguinte de seu percurso: o debate acerca do conteúdo da revelação, a *Torá*, e do mecanismo como ele ocorre, a *Nevuá*, a profecia. Esse passa a ser o tema do segundo volume de *Torá min ha-Schamaim be-Aspaklaria schel ha-Dorot*, cujo título é *Torá min ha-Schamaim ve Torá mi-Sinai*. Nele o *pilpul* hescheliano construirá a dialética teológica sobre o encontro do humano-Divino na experiência religiosa coletiva e intergeracional judaica.

44. TMH, v. 1, p. 232.
45. Idem, p. 232-3.

4. Torá **Celeste e** Torá **do Sinai: O Divino e o Humano na Revelação**

PILPUL E *HILUK*: O ENCADEAMENTO DO PENSAMENTO DIALÉTICO RABÍNICO

O *pilpul*, na acepção de método de pensamento dialético, foi praticado nas academias rabínicas polonesas do século XVI até a primeira parte do século XX. Em seu desenvolvimento mais comum, ele distingue dois níveis de reflexão no encadeamento do raciocínio. Tal procedimento tem como finalidade construir uma abordagem complexa e abrangente que permita ao estudioso a visão mais ampla e mais dinâmica possível do tema estudado. Por isso deve ser levado em conta o modo como se entrelaçam as diversas faces do tema em questão e seus aspectos e níveis de aproximação. Desse modo, o *pilpul* sobre um aspecto do tema abordado pode se ligar com outros *pilpulim*, relacionados a outros aspectos do mesmo tema, dispondo-se como contas num colar de elaborações dialéticas. Os diferentes *pilpulim* que se sucedem são, assim, construídos sobre *pilpulim* anteriores e se relacionam em rede. A esse colar de elaborações dialéticas dá-se o nome de *hiluk*. O *hiluk* é, pois, um nível mais complexo do método do *pilpul*, no qual se torna possível delinear conclusões mais profundas e menos óbvias no começo da trajetória da reflexão.

Como exemplo dessa construção do pensamento, viu-se, até aqui, como o *pilpul* hescheliano, que tem início com a discussão sobre a relação entre *Halakhá* e *Agadá*, foi sucedido pelo *pilpul* sobre as diferentes escolas de *Agadá* que marcam os paradigmas do pensamento teológico rabínico desde suas primeiras gerações. Uma oposição dialética foi construída sobre a outra.

Esses paradigmas apresentados concretamente pelas escolas concorrentes de rabi Akiva e de rabi Ischmael, com relação à exegese do texto bíblico, desembocaram em duas *aspaklariot*, posições religiosas e teológicas dialeticamente opostas, como já vimos: a *aspaklaria schel mala* e a *aspaklaria schel mata*, as lentes teologias celeste e terrestre norteadas por duas situações religiosas paradigmáticas opostas a *aschkafá trancedentalit* e a *aschkafá imanentit*, o ponto de vista transcendentalista místico e o ponto de vista imanentista cosmológico racionalista.

Esses pontos de vista remetem, então, aos dois polos da experiência religiosa central judaica e monoteísta em geral no encontro humano-divino: a busca do encontro direto e a busca do encontro indireto, em que a união mística não é colocada como situação *sine qua non*, definidora da experiência religiosa. A primeira tende à experiência da espiritualidade como recebimento da transcendência infinita, que de fora do mundo adentra nele e torna-se experiência da imanência, entrelaçando os limites entre ambas que se realizam na *unio dei*; a outra tende à experiência da transcendência como alteridade jamais atingível e que se volta para a responsabilidade inter-humana da santidade da *imitatio dei*. Trata-se da relação, na obra hescheliana, entre a vivência do inefável e a ética inter-humana, como duas formas da religiosidade judaica.

A seguir, Heschel continua seu *pilpul* mostrando, nas fontes rabínicas, que as duas perspectivas desenvolveram modos opostos de entender a revelação. A experiência religiosa é vivenciada na forma de diferentes pontos de vista sobre a origem e a relação entre os elementos humano e divino na *Torá*.

TORÁ CELESTE E *TORÁ* DO SINAI NAS PRIMEIRAS FONTES RABÍNICAS

Utilizando-se das fontes rabínicas em seu *pilpul* da *Agadá*, Heschel passa então a focalizar a tensão entre duas expressões encontradas na *Mischná*, texto central da literatura dos primeiros rabínicos. Essas expressões referem-se à origem da *Torá* e estabelecem, assim, a noção de *Torá min ha-Schamaim* (*Torá* dos Céus) e a de *Torá mi-Sinai* (*Torá* do Sinai).

A primeira fonte encontra-se no tratado de *Sanhedrin* 10:1, onde se lê a seguinte afirmação:

"כל ישראל יש להם חלק לעולם הבא שנאמר (ישעיה ס') ועמך כולם צדיקים לעולם יירשו ארץ נצר מטעי מעשי ידי להתפאר ואלו שאין להם חלק לעולם הבא האומר אין תחיית המתים מן התורה ואין תורה מן השמים ואפיקורס רבי עקיבא אומר אף הקורא בספרים החיצונים והלוחש על המכה ואומר (שמות ט"ו) כל המחלה אשר שמתי במצרים לא אשים עליך כי אני ה' רפאך אבא שאול אומר אף ההוגה את השם באותיותיו.

Todo Israel tem um quinhão no Mundo Vindouro (*Olam ha-Bá*), pois está escrito: "E todos os do teu povo serão justos, para sempre herdarão a terra" (*Is* 60, 21). E estes são aqueles que não têm um quinhão no Mundo Vindouro: aquele que diz que não há ressurreição na *Torá*, que a *Torá* não vem do Céu (*Torá min ha-Schamaim*) e o epicurista. Rabi Akiva ensina que o mesmo se aplica àquele que lê os livros apócrifos e àquele que diz encantamentos sobre uma ferida e diz: "Toda doença que coloquei no Egito não colocarei sobre vós, pois eu sou o Eterno que vos cura" (*Ex* 15). Aba Schaul ensina que o mesmo se aplica àquele que escreve o Nome Divino por extenso.

A segunda fonte encontra-se no início do tratado *Pirkei* Avot 1:1:

"משה קבל תורה מסיני ומסרה ליהושע ויהושע לזקנים וזקנים לנביאים ונביאים מסרוה לאנשי כנסת הגדולה הם אמרו שלשה דברים הוו מתונים בדין והעמידו תלמידים הרבה ועשו סייג לתורה"

Moisés recebeu A *Torá* do Sinai (*Torá mi-Sinai*) e a transmitiu a Ioschua e Ioschua aos anciãos e os anciãos aos profetas e os profetas aos homens da Grande Assembleia. E eles ensinaram três coisas: Sejam pacientes e moderados em seus julgamentos, reúnam muitos discípulos e façam uma cerca em torno da *Torá*.

A primeira *mischná* no tratado de *Sanhedrin* 10:1 afirma que "aquele que diz que a *Torá* não vem do Céu" sofrerá o castigo de ser excluído do quinhão no Mundo Vindouro, o que é, na linguagem rabínica talmúdica, o maior de todos os castigos. Aqui, portanto, a crença em *Torá min ha-Schamaim* é confirmado como pilar da fé, como credo judaico central.

Na segunda fonte, em *Avot* 1:1, lê-se sobre a cadeia de transmissão da *Torá* desde sua origem até os homens da Grande Assembleia, os primeiros *hakhamim*, os sábios, aqueles considerados pelos rabinos como seus precursores. A palavra *hakham* é um sinônimo de "rabino" na literatura talmúdica e no *Midrasch*. É interessante que nesta fonte nada seja dito sobre Moisés ter recebido a *Torá* do Céu, fruto da revelação divina; em vez disso, a *Torá* transmitida através das gerações é ligada a um evento terreno e "histórico" que, segundo a tradição, teria ocorrido logo que os israelitas saíram do Egito. A *Torá* é caracterizada como *mi-Sinai*. A diferença é sutil, mas é em cima dessa sutileza que Heschel começa a desenvolver sua argumentação.

Escreve Heschel na introdução ao segundo volume de TMH:

> Duas expressões foram usadas na *Mischná* com relação à *Torá*: Moises recebeu a *Torá* no Sinai e *Torá min ha-Schamaim*. Essa duas expressões representam dois pontos de vista. A primeira, um método de pensamento recatado, lacônico e simples que entende a *Torá* pelas lentes terrestres (*aspaklaria schel mata*), apresentando a revelação da *Torá* por meio de Mosché Rabeinu. A segunda, um método de pensamento penetrado pelo mundo supremo (*olam elion*) que busca ver a *Torá* pelas lentes celestes (*aspaklaria schel mala*), apresentando a revelação da *Torá* e sua fonte nos Céus.
>
> "Moisés recebeu a *Torá* no Sinai" é uma expressão na linguagem humana, que apreende a revelação da *Torá* no espaço e no tempo. *Torá min ha-Schamaim* é uma expressão mística voltada para o segredo da revelação da *Torá* sem ter uma resposta para as perguntas sobre quando e onde Moisés recebeu a *Torá*[1].

Vê-se assim que, segundo Heschel, a diferença de linguagem na *Mischná* é significativa, pois por trás dela haveria pontos de vista bastante diferentes apontando para os elementos humano e divino na revelação e na transmissão da *Torá*, sublinhando

1. TMH, v. 2, p. 1.

a origem transcendental da *Torá* ou o processo histórico-humano de sua transmissão. Escreve Heschel que a expressão *Torá min ha-Schamaim* tem origem na escola de rabi Akiva, enquanto nas *agadot* atribuídas à escola de rabi Ischmael quase nunca é usada essa expressão, preferindo-se usar as variações da expressão *Torá mi-Sinai*. O fato de as duas expressões serem encontradas na *Mischná* aponta para uma tensão teológica não resolvida entre os primeiros rabinos. O objetivo do segundo volume de TMH é, assim, revelar a partir dos meandros dessa duplicidade de linguagem as visões religiosas mais profundas que as construíram, colocando-as lado a lado. O que Heschel sublinha é o fato de não existir um ponto e vista religioso único sobre esse tema tão central na origem do pensamento rabínico já por não ter existido uma linguagem única.

O ELEMENTO DIVINO NA REVELAÇÃO

Considerada do ponto de vista da experiência mística, a *Torá* é eterna e preexistente à sua revelação no Sinai. No entanto, essa ideia religiosa não é encontrada no texto bíblico, onde jamais se faz qualquer referência direta à preexistência da *Torá* anterior à sua revelação. Nas *agadot* atribuídas a rabi Akiva e seus discípulos, porém, a ideia de uma *Torá* Celeste, um "livro" que existiria no céu antes de descer à terra, é enfatizada e repetida várias vezes. A ideia de um livro celeste é, contudo, mais antiga. Heschel afirma que tal ideia teológica apareceu no judaísmo pela primeira vez na literatura apocalíptica[2], no período do Segundo Templo. Tal literatura foi a expressão dos movimentos de caráter místico que floresceram naquele período da história judaica, esses movimentos apresentavam uma forma de misticismo que influenciou de várias formas o judaísmo de então[3].

2. TMH, v. 1, p. 247-248. A palavra *apocalypse* é derivada do grego [αποκάλυψη] que tem o sentido de desvendar e revelar e no contexto judaico do período tardio do Segundo Templo, de revelação divina (sécs. II a.E.C.-I E.C.). Nesse período uma variada literatura apocalíptica foi composta como gênero específico na literatura judaica. Esse gênero está vinculado aos movimentos e seitas apocalípticas que floresceram no judaísmo nesse período (Ver B. McGinn, *The Foundations of Mysticism*, v. 1, p. 9-22).
3. *The Foundations of Mysticism*, p. 13.

Bernard McGinn sugere que essa nova forma de misticismo foi a busca da leitura dos textos bíblicos em busca de novas revelações num contexto onde o helenismo tinha forte influência. Em vários livros pseudoepígrafos de inspiração apocalíptica é relatada uma viagem ou visão do mundo celeste. Por exemplo, o *Livro de Enoque* descreve a viagem dessa personagem bíblica ao céu, onde ele vê e descreve o mundo de cima, a corte celeste, o encontro com Deus e a visão de um livro celeste, onde os segredos divinos estão escritos. Segundo Urbach, mais tarde esse livro celeste foi identificado como sendo a *Torá* Celeste[4].

Essa *Torá* Celeste foi identificada na literatura judaico-helenística com base em uma interpretação alegórica do capítulo 8 de *Provérbios*, com a própria Sabedoria Divina, a Palavra ou Logos. Filon de Alexandria (séc. I) também fala sobre o Logos não apenas preexistente ao evento do Sinai, mas também à criação do mundo. Essa Sabedoria Divina seria, assim, o princípio de toda a criação. *Bereschit bará Elohim* – "No Princípio Criou Deus" (*Gn* 1, 1). Essa frase foi lida em certos *midraschim* substantivando a palavra "Princípio" – Bereschit – e lendo-se então "com o Princípio criou Deus". Que princípio seria esse com o qual Deus criou o mundo? E o *Midrasch* responde que esse princípio é a *Torá*. Assim, a *Torá* seria não apenas preexistente ao mundo, mas também o instrumento (*organon*) usado por Deus na criação do mundo.

Vê-se, pois, que a ideia de uma *Torá* Celeste é anterior ao surgimento da literatura rabínica. É essa *Torá* completamente divina que Moisés teria, segundo rabi Akiva, trazido dos Céus, aonde ele subia para recebê-la do próprio Deus. Dessa forma, não haveria na *Torá* nada que fosse humano. Mas que tipo de livro seria essa *Torá* Celeste? Alguns *midraschim* falam de tábuas celestes, um famoso *midrasch* descreve um livro de fogo, fogo negro sobre fogo branco. É esse fogo celeste a própria sabedoria divina radiante que desceu dos céus para o mundo dos homens pelas mãos de Moisés. A *Torá* traria em si algo da própria Presença Divina. De acordo com essa perspectiva, antes de rabi Akiva subir aos céus, o próprio Moisés teria entrado no Pardês e de lá trazido a *Torá* para entregá-la aos homens.

4. *The Sages*, p. 286-287.

Essa perceptiva enxerga a realidade da *Torá* como sendo ela mesma transcendente, fora do tempo e do espaço. Heschel afirma que tal ideia originada na literatura apocalíptica teria, por meio das *agadot* akivianas, ecoado para a literatura mística judaica medieval, tornando-se muito popular e assumindo várias formas na cabala medieval e no hassidismo.

Há aqui, ainda, um ponto de contato e uma influência do judaísmo rabínico na teologia muçulmana que também descreve o *Alcorão* como um livro celeste, no qual a realidade material apenas encobre sua realidade transcendental divina. Essa seria, segundo Borges, a essência da noção de livro sagrado encontrado no Oriente entre judeus e muçulmanos[5]. Esse livro é o próprio transcendente encoberto, uma teofania em forma de livro, cujo sentido mais profundo somente seria acessível dentro de uma compreensão que igualmente vá além dos sentidos e do entendimento humano comuns. A leitura profunda não é apenas esotérica, ela é produto da experiência mística.

Em *Deuteronômio* 4, 36, há em referência ao evento do Sinai o dia da revelação da *Torá*: "Dos céus te fez ouvir Sua voz". De início, teria vigorado entre os rabinos a noção de que apenas os Dez Mandamentos seriam *min ha-Schamaim*, vindos do céu. O *hidusch*, a inovação de rabi Akiva, seria a ideia de que Moisés recebeu não apenas os Dez Mandamentos do céu, mas todo o *Pentateuco* e toda a profecia posterior a ela, e até mesmo toda a *Torá* Oral no momento da revelação. O mesmo rabi Akiva, que sustenta a ideia da descida da Schekhiná ao mundo, afirma que Moisés subiu ao céu para de lá receber a *Torá*.

Heschel ressalta, porém, que a expressão *Torá min ha-Schamaim* que aparece na *Mischná* em *Sanhedrin* 10:1 é muito genérica, pois, na literatura rabínica, os termos *Torá* e *schamaim* podem ter sentidos e abrangências diversas. *Torá* pode ser uma referência apenas aos Dez Mandamentos recebidos no Monte Sinai. Por exemplo, o rei de Israel deveria, segundo os rabinos, escrever e atar ao seu braço a *Torá*, o que é entendido pelos tossafistas medievais como se referindo apenas aos Dez Mandamentos, que são chamados genericamente de *Torá*. Isso porque os Dez Mandamentos, em hebraico, têm o total

5. *Siete Noches*, p. 125-139.

de 613 letras, o que equivale à soma de todos os mandamentos (*mitzvot*), segundo a tradição rabínica. Em outras passagens rabínicas, *Torá* pode indicar todo o *Pentateuco* ou mesmo a *Bíblia Hebraica* em geral, além do *Pentateuco*, como os livros dos profetas, salmos, e outros. *Torá* pode ainda indicar instruções orais e, por inferência, o termo pode indicar na literatura rabínica tanto a Escritura quanto a tradição oral.

Schamaim, Céu, pode ter também, segundo Heschel, três sentidos: ser uma referência a Deus, como nas expressões "Reino dos Céus" ou "temor aos Céus". O termo pode indicar um lugar, como nas expressões "Nosso Pai nos Céus" ou "céus e terra" e pode ainda ser também uma referência à vontade de Deus. Heschel colhe exemplos tanto da *Bíblia* quanto da literatura rabínica e mesmo dos Evangelhos[6], para provar sua afirmação.

Assim, a expressão *Torá* dos Céus poderia, em princípio, admitir o sentido minimalista de uma parte importante do texto bíblico, os Dez Mandamentos. Eles, de alguma forma, são a expressão da vontade de Deus, o que justificaria a condenação, em *Sanhedrin* 10:1, contra quem nega a ideia genérica de que aja aí algum elemento divino, mesmo que somente de vontade divina da *Torá*.

A passagem de *Sanhedrin* 10:1 aparece, assim, como muito mais branda do que outra encontrada em *Sifrei Bamidbar* 112, onde se lê:

כי דבר ה' ... אמר כל התורה כולה אני מקבל עלי חוץ מדבר זה זהו כי דבר ה' בזה אמר כל התורה אמר מפי הקודש ודבר זה משה מפי עצמו אמרו [זהו כי דבר ה' בזה].

Porque ele desprezou a Palavra do Eterno (*Nm* 15, 31) [...] Aquele que diz eu recebo sobre mim toda a *Torá* menos essa passagem, esse é aquele ao qual o versículo se refere como "ele desprezou a Palavra do Eterno", ou aquele que diz que toda a *Torá* é de origem divina, porém essa passagem Moisés ensinou de sua própria iniciativa, esse é aquele que "desprezou a Palavra do Eterno".

Segundo Heschel, essa afirmação é muito mais rigorosa, pois ela alarga a noção genérica de que a *Torá* tem uma origem

6. TMH, v. 2, p. 80-81.

transcendental divina para a afirmação de que nada no texto bíblico tem origem humana. Dessa forma, o elemento divino fica sendo o único reconhecido como legítimo na *Torá*. Nada na *Torá* é humano. Ainda de acordo com Heschel, esse alargamento do elemento divino na *Torá*, que suprime como herética qualquer noção de uma coparticipação humana no texto, é originário da escola de rabi Akiva. Numa passagem paralela a *Sifrei Bamidbar* 112, em *Sifrei Zuta Piska* 15, de origem akiviana, lê-se:

כי דבר י"י בזה, ... זה האומר כל התורה מן השמים חוץ מן הפסוק הזה:

Porque ele desprezou a palavra do Eterno [...] esse é aquele que diz que toda a *Torá* é Celeste menos esse versículo.

Aqui a negação ou a dúvida com relação a qualquer versículo já é tida como menosprezo à Palavra de Deus. Também em *Sifrei Zuta Piska* 15, a afirmação de que há algo na *Torá* Escrita que não seja divino já é considerada heresia. No *Talmud Babilônico*, tratado *Sanhedrin* 99a, essa posição maximalista com relação à noção de *Torá min ha-Schamaim* vai ainda mais longe:

כי דבר ה' בזה – זה האומר אין תורה מן השמים. ואפילו אמר: כל התורה כולה מן השמים, חוץ מפסוק זה שלא אמרו הקדוש ברוך הוא אלא משה מפי עצמו – זהו כי דבר ה' בזה. ואפילו אמר: כל התורה כולה מן השמים, חוץ מדקדוק זה, מקל וחומר זה, מגזרה שוה זו – זה הוא כי דבר ה' בזה.

Porque ele desprezou a Palavra do Eterno (*Nm* 15, 31) [...] Esse é aquele que diz "que a *Torá* não vem dos Céus (*ein Torá min ha-Schamaim*). Ainda que diga "eu recebo sobre mim toda a *Torá* menos esse versículo, pois, Moisés ensinou por conta sua própria e não foi dito pelo Santo, Bendito seja Ele, essa passagem", esse é aquele ao qual o versículo se refere como "ele desprezou a Palavra do Eterno", ou aquele que diz que toda a *Torá* é de origem divina, porém essa passagem Moisés ensinou de sua própria iniciativa, esse é aquele que "desprezou a Palavra do Eterno". Ainda que diga que toda a *Torá* inteiramente é Celeste menos essa distinção (*dikduk*), essa dedução (*kal vahomer*) ou essa analogia, a esse se aplica o versículo porque ele desprezou a palavra do Eterno.

Nessa passagem talmúdica que Heschel atribui à perspectiva transcendentalista na sua forma maximalista, a noção de *Torá min ha-Schamaim* foi estendida até a *Torá* Oral: a *Mischná*, os *midraschim* e as palavras dos sábios em geral. Daí a *Agadá* que relata que Moisés teria recebido no momento da revelação toda a *Torá* Escrita, o texto bíblico, e toda a *Torá* Oral, a tradição rabínica. A revelação foi dada de uma vez para sempre. Desse modo, nada na tradição rabínica poderia, segundo esse ponto de vista, ser posto em questão. A revelação divina abarcaria toda a tradição, tudo é, então, tomado como profecia e a tarefa do sábio seria apenas a de encontrar aquilo que já fora previamente revelado por Deus. Assim considerado, na revelação, o polo humano seria apenas o polo receptor de uma sabedoria sempre transcendental, sempre sobre-humana.

Essa posição maximalista é considerada hoje a posição ortodoxa. Em seu livro *The Written and Oral Torah*, o rabino ortodoxo contemporâneo Nathan Lopes Cardozo, holandês que mora em Israel, escreve, citando Samson Raphael Hirsch, o fundador da ortodoxia moderna no séc. XIX, que a base do conhecimento judaico de Deus não se apoia somente na crença, o que permitiria elementos de dúvida, mas também no testemunho[7]. "Moisés recebeu a *Torá* inteira no Sinai. Cada detalhe, explicação e tradição foi revelado a ele durante os quarenta dias que passou na montanha enquanto Deus ditava o texto da *Torá* Escrita"[8].Após apresentar a posição maximalista, Heschel mostra o outro lado no estilo do *pilpul*. Nas mesmas fontes citadas do *Sifrei Bamidbar* 112 e do *Talmud Babilônico*, *Sanhedrin* 99a, a posição de rabi Ischmael é surpreendentemente diversa da maximalista. Em *Sifrei* lê-se:

כי דבר ה' בזה ... ר' ישמעאל אומר בע"ז הכתוב מדבר שנאמר כי דבר ה' בזה שביזה על דבור הראשון שנאמר למשה מפי הגבורה אני ה' אלהיך לא יהיה לך אלהים אחרים על פני (שמות כ ב - ג):

Por que ele desprezou a palavra do Eterno [...] Rabi Ischmael ensina que o versículo se refere à idolatria, pois ele desprezou a palavra do Eterno, desprezou o primeiro mandamento que foi dito por Deus a Moisés: "Eu sou o Eterno vosso Deus, não tereis outros deuses diante de Mim (*Ex* 20, 2-3).

E em *Sanhedrin* 99a tem-se:

7. *The Written and the Oral Law*, p. 5.
8. Idem, p. 7.

והאומר אין תורה מן השמים וכו':...רבי ישמעאל אומר: זה העובד עבודה זרה. מאי משמעה? – דתנא דבי רבי ישמעאל: כי דבר ה' בזה – זה המבזה דבור שנאמר לו למשה מסיני (שמות כ') אנכי ה' אלהיך לא יהיה לך אלהים אחרים וגו'.

E aquele que diz que a *Torá* não veio do Céu [...] Rabi Ischmael ensina: Esse é aquele que pratica idolatria. O que isso implica [*mai maschma*]? Pois é ensinado na escola de Rabi Ischmael: Por que ele desprezou a palavra do Eterno – esse é aquele que despreza o pronunciamento que lhe foi dito no Sinai (*Ex* 20, 2) Eu sou o Eterno vosso Deus que te tirou da terra do Egito da casa dos escravos, não tereis outros deuses diante de Mim.

Nas mesmas fontes rabínicas, vê-se que rabi Ischmael apresenta uma interpretação completamente diferente do versículo de *Números* 15, 31, segundo a qual a negação da noção *Torá min ha-Schamaim* é a prática da idolatria e não a colocação em dúvida sobre a origem de alguma parte do texto bíblico ou a tradição rabínica. Isso porque, para rabi Ischmael, a expressão *Torá min ha-Schamaim* significa não a ideia de um livro que veio dos céus, mas a noção de uma mensagem que é celeste, no sentido de expressar a vontade divina. Desse modo, para ele, *Torá min ha-Schamaim* refere-se apenas à revelação do Sinai no seu sentido minimalista dos Dez Mandamentos, em especial o primeiro mandamento, que se refere à proibição da adoração de outros deuses. A idolatria é, assim, na prática, a negação de Deus e da mensagem do evento do Sinai. Segundo Heschel, existe aqui a referência ao primeiro mandamento e não aos demais, pois, rabi Ischmael seria quem primeiro ensinou que, durante a revelação no Sinai, a maioria do povo teria ouvido de Deus apenas o primeiro mandamento e os outros mandamentos teriam sido ouvidos da boca de Moisés. Note-se que, em geral, se considera o primeiro "mandamento" como sendo "Eu sou o Eterno vosso Deus" e a proibição da idolatria é, em geral, considerada como sendo o segundo mandamento. Rabi Ischmael, no entanto, segue a mesma tradição, apresentada por Filo de Alexandria e Flávio Josefo[9], que é preservada na recitação pública da *Torá* usada na liturgia judaica nas sinagogas, durante a leitura dessa passagem do rolo. Na opinião de rabi Ischmael e de sua escola, a noção de

9. TMH, v. 2, p. 93.

revelação não exclui necessariamente a existência de uma dimensão humana na *Torá*. Não apenas sua escola não faz referência a uma *Torá* preexistente como também não entende como anátema a ideia de que a revelação possa ter uma dimensão humana.

O ELEMENTO HUMANO NA REVELAÇÃO

A abordagem que é feita da *Torá* a partir do ponto de vista da *aspaklaria schel mata*, do ponto de vista terreno e "imanentista" da religiosidade terrena ischmaeliana, é exemplificada por Heschel em uma famosa *Agadá* que narra o debate travado entre rabi Eliezer e rabi Iehoschua, respectivamente, os mestres de rabi Akiva e de rabi Ischmael. Tal debate teria ocorrido no final do primeiro século e é recordado em uma passagem do tratado *Baba Metzia* 59b, conhecido como o debate sobre o forno de Akhnai (*tanukh schel Akhnai*) onde os rabinos discutem a *kaschrut*[10] em *Pessakh* desse tipo de forno. Interessante que, no meio de um debate sobre uma lei da *Halakhá*, se introduz um debate teológico, mostrando que os gêneros *Halakhá* e *Agadá* se interpenetram e são dependentes um do outro. Observe-se:

וזה הוא תנור של עכנאי. מאי עכנאי? – אמר רב יהודה אמר שמואל: שהקיפו דברים כעכנא זו, וטמאוהו. תנא: באותו היום השיב רבי אליעזר כל תשובות שבעולם ולא קיבלו הימנו. אמר להם: אם הלכה כמותי – חרוב זה יוכיח. נעקר חרוב ממקומו מאה אמה, ואמרי לה: ארבע מאות אמה: אמרו לו: אין מביאין ראיה מן החרוב. חזר ואמר להם: אם הלכה כמותי – אמת המים יוכיחו. חזרו אמת המים לאחוריהם. אמרו לו: אין מביאין ראיה מאמת המים. חזר ואמר להם: אם הלכה כמותי – כותלי בית המדרש יוכיחו. הטו כותלי בית המדרש ליפול. גער בהם רבי יהושע, אמר להם: אם תלמידי חכמים מנצחים זה את זה בהלכה - אתם מה טיבכם? לא נפלו מפני כבודו של רבי יהושע, ולא זקפו מפני כבודו של רבי אליעזר, ועדין מטין ועומדין. חזר ואמר להם: אם הלכה כמותי - מן השמים יוכיחו. יצאתה בת קול ואמרה: מה לכם אצל רבי אליעזר שהלכה כמותו בכל מקום! עמד רבי יהושע על רגליו ואמר: לא בשמים היא. – מאי +דברים ל'+ לא בשמים היא? – אמר רבי ירמיה: שכבר נתנה תורה מהר סיני, אין אנו משגיחין בבת קול, שכבר כתבת בהר סיני בתורה +שמות כ"ג+ אחרי רבים להטת. – אשכחיה רבי נתן לאליהו, אמר ליה: מאי עביד קודשא בריך הוא בההיא שעתא? – אמר ליה: קא חייך ואמר נצחוני בני, נצחוני בני.

10. A possibilidade de consumir os produtos oriundos daquele forno.

E esse é o forno de *Akhnai*. Por que é chamado de *Akhna* [cobra]? Ensinava rav Iehudá segundo Schemuel que eles enrolaram as coisas [o material, a argila para fazê-lo] como essa cobra. É ensinado: Naquele dia respondeu rabi Eliezer com todas as respostas do mundo, e os sábios não acolheram suas ideias. Ele então disse a eles: se a lei é conforme ao meu ponto de vista, esta alfarrobeira provará. Moveu-se a árvore cem côvados, e alguns dizem quatrocentos côvados. Eles lhe responderam: não aceitamos a prova vinda de uma árvore. Ele então disse a eles: se a lei é conforme o meu ponto de vista, o curso deste córrego provará. O curso do córrego então voltou para trás. Eles responderam: não aceitamos a prova vinda do córrego. Ele então voltou e disse a eles: se a lei é conforme o meu ponto de vista, as paredes do *beit midrasch* (da casa de estudos) provarão! As paredes do *beit midrasch* começaram a curvar-se e a cair. Então rabi Iehoschua repreendeu-as: se os estudiosos debatem sobre a lei, o que vocês têm com isso? As paredes não caíram por causa da autoridade de rabi Iehoschua, e também não ficaram eretas por causa da autoridade de rabi Eliezer e até hoje elas estão inclinadas. Ele então disse a eles, mais uma vez: se a lei é ao conforme meu ponto de vista, os céus provarão! Surgiu uma voz divina (*bat kol*) e disse: O que você tem contra rabi Eliezer, visto que a lei é segundo o seu ponto de vista em todos os assuntos? Levantou-se rabi Iehoschua e disse: a *Torá* não está nos céus! (*Dt* 30) Ela não está nos céus – *ló ba-schamaim hi*? [O que isso quer dizer?] Ensinava rabi Iermiá: Nós não prestamos atenção à voz divina, pois a *Torá* já foi dada no monte Sinai, já está desde então escrito na *Torá*: acompanhe a opinião da maioria (*Ex* 23). Quando rabi Natan encontrou o [espírito do] profeta Elias ele lhe perguntou: O que foi que o Santo, Bendito Seja Ele, disse naquela ocasião? Ele lhe respondeu: Pela minha vida, ele disse: Meus filhos me venceram [no debate]! Meus filhos me venceram!

Essa passagem ilustra aquilo que, para Heschel, é o ponto de vista imanentista de várias maneiras. Os sábios aqui não aceitam provas vindas de eventos milagrosos que, na verdade, estão desconectadas do mérito do debate travado por não apresentarem argumentos racionais. Todas as tentativas de rabi Eliezer de tentar fazer prevalecer seu ponto de vista por meio da irrupção do sobrenatural são rechaçadas. Por último, o próprio Deus revela sua opinião sobre o caso e ele é tratado como mais um disputante por rabi Iehoschua, que utiliza um argumento racional contra Deus e O derrota com as próprias declarações divinas feitas na *Torá*. Deus não pode desdizer-se.

Assim, mesmo que o transcendente irrompa no mundo, ele é posto em questão. *Lo ba-schamaim hi*, ela não está no céu, a *Torá* do Sinai precisa da interpretação humana para ser entendida e essa interpretação segue a regra da maioria. Se mesmo Deus não tem o privilégio da infalibilidade de opinião, menos ainda o teria seu representante.

Heschel entende a noção de *lo ba-schamaim* como sendo não apenas a autorização para que os homens, no caso, os sábios, interpretem o texto sagrado mas ainda mais, para ele, aqui está a ideia de que sem a interpretação humana dos sábios, dos estudiosos, não há *Torá*[11]. E a interpretação humana tem que seguir a luz natural da razão e não a luz sobrenatural do milagre.

A *Torá* é mais interpretação humana do que revelação divina. Sendo assim, a *Torá* do Sinai é também fruto do processo humano de transmissão e recepção da memória de uma geração para outra, como na passagem da *mischná Avot* 1:1, que vê os sábios como receptores e transmissores de uma tradição de pensamento. Essa tradição está neste mundo, portanto deve ser interpretada com os meios acessíveis a todos os seres humanos. Esse ponto de vista dá mais importância à opinião humana que, ao interpretar, termina por tornar-se também ela mesma *Torá*. Essa não é a *Torá* celeste eterna e além da razão humana, mas a *Torá* histórica, que não está no céu e que deve ser perscrutada pelo entendimento. Essa, certamente, é uma experiência religiosa de *Torá* no judaísmo que se opõe à mística. Como já foi dito anteriormente, Heschel dá à experiência religiosa não mística o mesmo *status* da experiência mística. Ambas se limitam.

Mas o *pilpul*, o raciocínio dialético, de Heschel vai mais além, ele procura demonstrar que, pelas fontes rabínicas, o ponto de vista imanentista vê elementos humanos e históricos na própria revelação que é encarada como um processo. É desse modo que ele entende a *baraita*[12] repetida três vezes em diferentes tratados do *Talmud Babilônico* que traz a discussão entre rabi Ischmael e rabi Akiva sobre o modo como a *Torá* foi revelada:

11. *The Earth is the Lord's*, p. 27.
12. *Baraita* é um tipo de material halákhico originalmente oral, em hebraico de origem tanaítica, que não entrou no corpo da *Mischná*, sendo, porém, citado no corpo do *Talmud* pelos *amoraim*.

וידתניא, ר' ישמעאל אומר: כללות נאמרו בסיני, ופרטות באהל מועד; ר"ע אומר: כללות ופרטות נאמרו בסיני, ונשנו באהל מועד, ונשתלשו בערבות מואב.

E é ensinado [oralmente]: rabi Ischmael ensina [que] as generalidades foram ditas no Monte Sinai e as particularidades na Tenda de Reunião [Tabernáculo]; rabi Akiva ensina [que] generalidades e particularidades foram ditas no Monte Sinai, e repetidas na Tenda de Reunião, e repetidas novamente nas estepes de Moav. (*Zevahim*, 115b).

Segundo Heschel, o sentido dessa *baraita* é que, de acordo com rabi Ischmael, somente os princípios gerais da *Torá*, isto é, os Dez Mandamentos, foram revelados na teofania do Sinai e somente depois que o Tabernáculo foi construído os detalhes da *Torá* forma comunicados a Moisés[13]. Para rabi Akiva, no entanto, a *Torá* foi revelada em um único momento e nada mais foi adicionado na Tenda de Reunião ou nas estepes de Moav. Desse ponto de vista, a revelação é um acontecimento que, além de ser sobrenatural – Moisés recebeu a *Torá* nos céus e a Schekhiná desceu ao mundo, os céus e a terra se tocaram durante a revelação – a revelação é também um acontecimento que ocorre para além do tempo, na eternidade. A mente humana percebe assim a revelação como tendo ocorrido em um único momento (*be-bat ahat*), por isso o entendimento humano não pode alcançá-la. Assim, a conclusão akiviana é que a linguagem da *Torá* vai além da linguagem humana.

Por outro lado, de acordo com o ponto de vista ischmaeliano, mesmo Moisés só recebeu na revelação aquilo que ele foi capaz de apreender (*lefi kokho*)[14], desse modo, assim como o aprendizado segue um processo temporal, a revelação também tem que se conformar com a capacidade do entendimento humano. Reiterando: porque a *Torá* não foi dada aos anjos, mas aos homens. Assim, a profecia de Moisés como a dos outros profetas transcorre no tempo, e a *Torá* é acrescentada de acordo com os acontecimentos e as necessidades. Nem Moisés subiu ao céu, nem Deus desceu à Terra.

Como foi visto até aqui, Heschel constrói sua argumentação usando diversas fontes da literatura rabínica do final da

13. TMH, v. 2, p. 196.
14. Idem, p. 167.

Antiguidade, como o *Talmud* e coleções do *Midrasch*, também conhecida em hebraico como *sifrut hazal*. A partir do segundo volume de TMH, ele usa também fontes da literatura rabínica medieval, os chamados *rischonim*[15] (os primeiros) e pós-medieval, os chamados *aharonim*[16] (os últimos). Esse recurso é usado para demonstrar que o debate teológico entre rabi Akiva e rabi Ischmael continua ao longo das sucessivas gerações de rabinos que os sucederam.

No caso da dialética teológica entre os dois pontos de vista sobre a *Torá*, Heschel, à medida que vai fazendo referência a outros comentaristas medievais e pós-medievais, vai distinguindo duas perspectivas distintas sobre a revelação, a *schitá haflagá*, metodologia maximalista e a *schitá hatzimtzum*, metodologia minimalista. Sobre isso comenta Heschel[17]:

> De acordo com o caminho [o modo] da abordagem maximalista, era ensinado na escola de rabi Akiva: "Estas são as leis, e os decretos, e as instruções que pôs o Eterno entre ele e os filhos de Israel através de Moisés" (*Lv* 26, 46). Isso ensina que a *Torá* foi dada com as suas leis, especificações e comentários através de Moisés no Monte Sinai. Essa máxima é repetida várias vezes na Sifra[18]. Em oposição a isso ensinava rabi Ischmael: "Esses são os decretos que porás diante deles" (*Ex* 21, 1). Essas são as treze regras de exegese através das quais a *Torá* é interpretada, que foram transmitidas a Moisés no Monte Sinai. De acordo com a primeira abordagem, até as particularidades e especificações foram dadas a Moisés no Sinai, entretanto, de acordo com as palavras de rabi Ischmael, foram dadas apenas regras de interpretação[19].

Segundo a abordagem minimalista, os sábios receberam por tradição não a *Torá* Oral inteiramente comentada, mas regras hermenêuticas para com elas tirar conclusões e expandir o corpo da *Torá* Oral. Assim "muitas *halakhot* não foram passadas a Moisés por Deus, mas os sábios, por sua própria conta

15. Referência aos primeiros rabinos medievais pós-talmúdicos anteriores a Iossef Caro (1488-1575), o autor do *Schulkhan Arukh*.
16. Referência aos rabinos posteriores a Iossef Caro e ao *Schulkhan Arukh* até os dias de hoje.
17. TMH, V. II, p. 37.
18. Coletânea de *midraschim*, séc. III, atribuída à escola de rabi Akiva.
19. TMH, V. II, p. 37.

e capacidade, tiram suas deduções da Escritura por meio das regras de exegese pelas quais a *Torá* é interpretada"[20]. De acordo com esse ponto de vista, a *Torá* dá aos sábios a autoridade de derivar conclusões e ensiná-las. A *Torá* é assim uma "obra aberta", no sentido que lhe atribui Umberto Eco.

MIDRASCH DA REVELAÇÃO

Observar o modo como Heschel desenvolve sua argumentação em TMH permite ao estudioso de sua obra a possibilidade rara na pesquisa de percorrer a reflexão de um filósofo, lendo sua obra pelo avesso, como quem olha uma roupa pelo lado da costura, o que permite ver como as várias partes dela se conectam e são montadas em uma peça coerente. No caso da obra heschelíana, ao ver como o pensador lida com as fontes do pensamento judaico rabínico ao qual ele se vincula, torna-se possível entender mais profundamente as construções teóricas que ele propõe em sua filosofia da religião e também aquilo que seria o aspecto teológico de sua reflexão como pensador religioso. TMH ilumina, assim, como já se viu, os outros livros da obra heschelíana. No caso específico das ideias de Heschel sobre a *Torá*, permite ver de onde ele parte para a construção de um diálogo das fontes rabínicas e como lida com a contradição que ele mesmo vê na *Agadá*.

Heschel, como os filósofos do judaísmo contemporâneo, dedicou parte importante e central de sua reflexão ao que veio a ser conhecido como "o problema da revelação". A parte central de seu livro mais conhecido, *Deus em Busca do Homem: Uma Filosofia do Judaísmo*, é dedicada a essa questão[21]. Note-se o subtítulo do livro "uma filosofia do judaísmo". A proposta filosófica de Heschel é pôr em diálogo a filosofia e a religião, sem que uma termine por ocupar o lugar da outra. Ao se propor estudar a filosofia do judaísmo, Heschel termina por fazer uma reflexão filosófica que tornou sua obra conhecida tanto nos círculos judaicos quanto em círculos não judaicos por tocar

20. Idem, ibidem.
21. *Deus em Busca do Homem*, p. 215-216.

no âmago daquilo que Lévinas denominou "desejo de transcendência" do homem moderno.

Em vários de seus textos, Heschel volta a abordar a questão da revelação na experiência religiosa judaica e ocidental. Para listar apenas os mais conhecidos, citam-se: *Between God and Man: An Interpretation of Judaism from the Writings of Abraham J. Heschel* e os artigos "A Preface to an Understanding of Revelation" e "God, Torah, and Israel". Juntamente com *Deus em Busca do Homem*, desses textos se pode tirar uma imagem bastante ampla do pensamento hescheliano em relação a tal tópico.

De acordo com Heschel, o judeu entra em contato com a revelação por meio do texto bíblico. No entanto, como deveria ser entendida a afirmação bíblica de que "Deus falou?" Aqui entra a sutileza da argumentação hescheliana. Se alguém propõe que isso seja apenas simbólico, Heschel argumenta que "um símbolo ergue um mundo do nada. Nenhum símbolo cria uma *Bíblia*"[22]. Por outro lado, para aqueles que argumentam que a afirmação deva ser tomada de forma literal, ele argumenta que assim se cai no pecado teológico fundamental que é a tendência à literalidade. Nem simbólicas nem literais; o que Heschel propõe é que as palavras da *Torá* sejam tomadas de modo "responsivo".

> Essa naturalmente é a situação do leitor da *Bíblia* diante de uma afirmação tal como "Deus falou". Refere-se a uma ideia que não se acomoda à mente e o único modo de compreender seu significado é respondendo a ela. Devemos adaptar nossas mentes a um significado até então inaudito. A palavra é apenas um indício; o tema principal do discernimento está na mente e na alma do leitor[23].

Heschel afirma que a palavra "revelação" deveria ser entendida como uma exclamação, como um termo mais indicativo do que descritivo, pois, ao descrever, reduzimos seu conteúdo religioso profundo, ficamos na exterioridade. Os capítulos da *Bíblia* não devem ser lidos como se eles fossem textos de teologia sistemática. Uma característica sua é, em geral, o desdém pela teologia sistemática, que é vista como superficial e

22. Idem, p. 231.
23. Idem, p. 235.

redutora. Como a teologia sistemática poderia lidar ao mesmo tempo com o ponto de vista maximalista e minimalista sobre a revelação? É nesse contexto que o pensador faz uma de suas afirmações mais impressionantes: "Como um relato da revelação, a própria *Bíblia* é um *midrasch*"[24]. Na literatura rabínica, o termo *midrasch* refere-se à interpretação do texto feita pelos sábios, e está longe de ser uma exegese *stricto sensu*, é antes uma busca por sentidos novos aparentemente não existentes no texto literal. A palavra *midrasch* vem do verbo hebraico דרש, *darasch*, cujo sentido original é "procurar". "A ideia da busca intensiva contida no verbo *darasch* sugere – quando este termo é aplicado pela tradição rabínica ao comentário da Escritura – que o texto não diz tudo por si mesmo e que deve haver um esforço para escutar o sentido dele[25]. Os primeiros rabinos, durante o período posterior à destruição do Segundo Templo, colocaram sobre si a tarefa de reconstruir o judaísmo num contexto completamente novo. Para tanto, precisavam reencontrar o significado do texto bíblico, de modo a torná-lo relevante nesse novo contexto. O *Midrasch*, portanto, é uma criação interpretativa a partir do texto bíblico que usa o texto como trampolim para renovar seu sentido religioso. É, assim, uma resposta ao texto, mais do que uma interpretação. Mas o *Midrasch* é feito a partir da situação religiosa daquele que o constrói.

Ao afirmar que a Bíblia é ela mesma um *midrasch* sobre a revelação, Heschel está, pois, separando o momento da revelação, quando Deus "fala" ao profeta, do texto que é fruto da criação e interpretação das várias gerações de sábios de Israel sobre essa revelação. Heschel preserva a ideia de revelação e encontro com Deus separando-a do texto. "O ato da revelação é um mistério, enquanto o documento da revelação é um fato literário, escrito na linguagem do homem"[26]. Assim, a revelação apresenta dois aspectos: ela é um evento tanto para o homem quanto para Deus[27]. A revelação foi uma experiência vivida pelo profeta para além das palavras e o texto é o *páthos* divino transformado em palavra pela ação humana. Ischmael e Akiva

24. Idem, p. 238.
25. *O Midraxe*, p. 9.
26. *Deus em Busca do Homem*, p. 326.
27. Idem, p. 248.

são contemplados. Dizer que o texto é um *midrasch* é o mesmo que afirmar que o texto é a busca humana de encontrar sentido na revelação. Há, portanto, um elemento humano no texto sagrado, mas esse elemento não retira a divindade do texto.

Heschel afirma que ocorreram dois eventos no Sinai: *Matan Torá* e *Cabalá Torá*, Deus entregando a *Torá* e Israel recebendo a *Torá*. Ambos têm parte ativa no encontro. Se a *Torá* é dada, ela também é recebida. "O prodígio da aceitação de Israel foi tão decisivo quanto o prodígio de expressão de Deus. No Sinai, Deus revelou sua palavra e Israel revelou seu poder de responder"[28]. Esse poder de responder é que faz da relação de Israel com a *Torá* uma relação religiosa. A religião surge, segundo Heschel, como resposta humana a partir da situação de ver-se buscado pelo divino. O poder de responder ao transcendente é em si o início da vida religiosa.

Essa resposta, porém, pode assumir diferentes perspectivas, o monoteísmo não é monofônico. Se, visto a partir das fontes rabínicas, é legitimo o ponto de vista transcendentalista da *aspaklaria schel mala*, também é legitimo o ponto de vista imanentista da *aspaklaria schel mata*. Para Heschel, nas condições modernas, a visão transcendentalista corre o perigo de tornar-se fundamentalismo, e a visão imanentista, de virar razão que se volta contra a fé. A *Bíblia* vive dentro daqueles que vivem dentro da Aliança[29]. "O caminho para compreender o significado de *Torá min ha-Schamaim* (a *Torá* vem do céu) é compreender o significado de *ha-schamaim min ha-Torá* (o céu provém da *Torá*). Qualquer que seja o sabor do "céu" que nós temos na terra, ele está na Escritura"[30]. Não é possível entender a noção de *Torá min ha-Schamaim*, a não ser sentindo o céu que está na *Torá*.

Essa relação entre *Cabalá Torá* e *Matan Torá* prossegue no *pilpul* hescheliano e em seu encontro com as fontes rabínicas na direção da dialética entre o profeta e a profecia.

28. Idem, p. 328.
29. Idem, p. 322.
30. Idem, p. 323; TMH, v. III, p. 30.

5. Dialética Teológica entre as Visões da Profecia

PÁTHOS E SIMPATIA

Entre os anos de 1962 e 1965, quando publicou a primeira e a segunda parte de TMH, Heschel, que na época já dividia seu tempo entre a vida acadêmica e a militância social que caracterizaram a última década de sua existência, encontrou tempo para finalizar outro longo projeto, a tradução e ampliação de *Die Prophetie*, sua tese de doutorado sobre a consciência profética, defendida na Universidade de Berlim, em 1933. Essa obra foi publicada pela Jewish Publication Society em 1963 com o título *The Prophets* e o livro tornou-se rapidamente um de seus mais conhecidos escritos. Desde o final dos anos 1950 ele vinha trabalhando nesse projeto e chegou a publicar vários artigos sobre o tema em diversos periódicos[1]. *The Prophets* é um impressionante volume de mais de quinhentas páginas, tem a tese como núcleo e é acrescido de vários capítulos sobre os diversos profetas bíblicos.

Heschel dedicou o livro "aos mártires de 1940-1945", fato que Kaplan[2] vê como demonstração da urgência moral com que

1. E. Kaplan, *Edward Spiritual Radical*, p. 210.
2. Idem, p. 211.

Heschel encarava a situação do mundo moderno, cujo sintoma mais agudo fora o genocídio nazista. O esquema do livro é o seguinte: do prefácio até o capítulo 8, são apresentados os profetas individualmente, com resumo de suas personalidades, fundo histórico e mensagem. Do capítulo 9 até o capítulo 18, são definidas as noções bíblicas de história, justiça, retribuição, *páthos* e a religião da simpatia. A parte final, que vai dos capítulos 19 até 27, apresenta a discussão metodológica contida em *Die Prophetie*, onde é discutida a diferença e os limites das diversas abordagens modernas sobre o fenômeno da profecia no Antigo Israel. Heschel conclui o livro com a noção de Deus como sujeito Divino, uma das chaves de sua teologia.

Dois conceitos centrais são formulados por Heschel para entender a dinâmica e a essência da profecia no Antigo Israel: o conceito de *páthos* e o de seu correlato, o de simpatia. Além de serem usados por Heschel para entender a profecia bíblica, esses conceitos são também centrais na construção de sua filosofia da religião centrada na dinâmica da experiência do encontro humano-divino.

O *páthos* corresponde ao aspecto objetivo da dinâmica da profecia. Segundo Heschel, a profecia é uma resposta por parte do homem bíblico que se descobre buscado por Deus. A profecia é assim, para o próprio profeta, algo divino e humano ao mesmo tempo. Por meio desse encontro, Deus revela ao profeta sua concernência e sua preocupação para com os seres humanos. Deus, na dimensão do inefável, no entanto, não se comunica por palavras, antes transmite ao profeta seu sentimento diante da situação humana. Tomado pela emoção divina, o profeta é então impelido a dar testemunho do *páthos* de Deus. O encontro humano-divino é o compartilhar desse *páthos* e a profecia é uma forma de resposta ao *páthos* divino.

O profeta, em sua situação na experiência de revelação, sente o mundo humano do ponto de vista da concernência divina. A "profecia é a resposta a uma sensibilidade transcendente. Não é como o amor, uma atração ao ser divino, é antes uma assimilação da vida emocional do profeta pela emoção divina, uma assimilação de função, não de ser"[3]. Para Heschel, o conceito de *páthos*

3. *The Prophets*, p. 3.

divino refere-se apenas a uma interface de Deus experimentada pelo ser humano. Heschel nega, desse modo, que a essência divina seja revelada na profecia. A experiência de ser tomado pelo *páthos* leva o profeta a ver a história humana de um ponto de vista transcendente, e sua mensagem é inspirada por esse evento que ocorreu em sua vida. Deus é encontrado no tempo presente[4].

Heschel firma que "o *páthos* divino é chave da profecia inspirada. Deus está envolvido na vida do homem"[5]. Por meio de emoções humanas como a alegria, o desapontamento, a fúria, a indignação e a graça, o profeta aponta para a possibilidade de uma relação pessoal com o transcendente da qual o ser humano é convidado a participar. Deus busca o homem para revelar-lhe Seu "interesse" (Sua concernência) pelos assuntos humanos contingenciais e históricos, muito mais do que para lhe revelar ensinamentos metafísicos atemporais. A importância do homem está em ele ser, de acordo com a visão hescheliana da profecia, objeto da preocupação (*concern*) divina. A profecia é, pois, consolo e convite ao ser humano para que realize sua redenção como parceiro de Deus.

O termo *páthos* indica um dos conceitos principais no conjunto do pensamento hescheliano na sua proposta de uma "teologia profunda". Esta última, no pensamento hescheliano, é o estudo da experiência da fé a partir da vivência da Presença Divina. Em sua obra madura, Heschel distingue a noção de teologia profunda da teologia metafísica e sistemática, originada no pensamento grego[6].

O outro conceito central na reflexão hescheliana sobre a profecia bíblica é o de simpatia. Corresponde no seu pensamento ao aspecto subjetivo da profecia:

> A natureza da resposta humana ao divino corresponde ao conteúdo da apreensão do divino. Quando o divino é sentido como sendo uma perfeição misteriosa, a resposta humana é o medo e o temor; quando é sentido como uma vontade absoluta, a resposta humana é a obediência incondicional; quando sentido como *páthos*, a resposta humana é a simpatia[7].

4. *Kol min Ha-Arafel*, p. 92.
5. *Deus em Busca do Homem*, p. 22.
6. Idem, p. 21.
7. Idem, p. 87.

A simpatia é o modo como o profeta responde à "situação" divina experimentada por ele. De acordo com Heschel, a simpatia é em geral uma atitude de recepção e de abertura para com a presença de outro. Assim, ao contrário do *páthos*, que corresponde no ser humano a um deixar-se tomar pela emoção do outro, na simpatia não se é tomado pela emoção do outro, se é solidário à situação dele. Se no *páthos* há uma fusão de corações, na simpatia há uma condescendência para com o outro sem que isso signifique a perda da identidade própria.

Segundo Heschel, na dinâmica da consciência profética "o pensamento místico e o pensamento racional são combinados de um modo que desacreditam todos os *slogans* sobre racionalismo e irracionalismo"[8]. Vê-se assim que, para esse pensador, a profecia tem um caráter dialético, é *páthos* e é, ao mesmo tempo, simpatia. Nesta altura já é possível perceber que a reflexão dialética perpassa todo o pensamento hescheliano ainda que esse modo de elaborar o pensamento seja mais evidente no método de *pilpul* usado por ele na abordagem do pensamento rabínico. Isso fica evidente nos capítulos de TṂH que tratam do tema da profecia. Neles, a questão abordada por Heschel diz respeito ao debate rabínico acerca do grau de participação entre o elemento divino e o elemento humano na profecia.

A dialética entre as visões maximalista e minimalista estende-se até a discussão sobre a profecia. Como foi visto no capítulo anterior, a visão maximalista da revelação nas fontes rabínicas tende a ver a *Torá* como sendo inteiramente fruto da ação divina. É a ideia de *Torá min ha-Schamaim*, a *Torá* Celeste, significando a revelação completamente sobre-humana. Um exemplo disso, que já foi citado, é a fonte que exemplifica a posição maximalista em *Sifrei Bamidbar* 112: "aquele que diz toda a *Torá* é de origem divina, porém havendo passagens em que Moisés ensinou de sua própria iniciativa, esse é aquele que desprezou a Palavra do Eterno". Segundo essa fonte, afirmar que algo na *Torá* é de origem humana já é duvidar completamente de sua divindade. Por outro lado, a tradição alternativa da abordagem minimalista da revelação nas fontes rabínicas admite sem maiores problemas a possibilidade de a mão humana

8. Idem, ibidem.

também ter colaborado na composição da *Torá*. Essas duas abordagens teologicamente contraditórias encontradas nas fontes rabínicas demonstram, segundo Heschel, a existência de teologias rabínicas opostas também com relação à dinâmica da profecia.

MOISÉS AGIU POR CONTA PRÓPRIA

Heschel começa sua argumentação demonstrando que a visão maximalista – identificada por ele, como visto até agora, com rabi Akiva – se opõe à opinião de que Moisés agiu por sua própria iniciativa ensinando e adicionando à *Torá* algo que teria origem humana, pois, segundo essa visão teológica, a *Torá* é inteiramente oriunda dos Céus. Há, no entanto, passagens tanto nos *midraschim* quanto no *Talmud* que transmitem outra opinião, a de que Moisés teria agido e tomado decisões por sua própria iniciativa. Essas outras fontes que sustentam uma visão minimalista baseiam-se principalmente na leitura mais contextual e literal do texto bíblico sugerindo que Moisés, o profeta paradigmático, teria usado sua autoridade e seu raciocínio para tomar decisões que se tornaram *Torá*. Heschel cita duas dessas fontes e a primeira encontra-se no *Talmud Babilônico*, tratado *Schabat* 87a:

דתניא: שלשה דברים עשה משה מדעתו והסכים הקדוש ברוך הוא עמו: הוסיף יום אחד מדעתו, ופירש מן האשה, ושבר את הלוחות.

É ensinado [em uma *baraita*]: Moisés fez [ensinou] três coisas por conta própria e o Santo Bendito Seja Ele concordou com ele: Acrescentou um dia por conta própria, separou-se da mulher, quebrou as tábuas (com os Dez Mandamentos).

A segunda passagem é encontrada no *Midrasch Rabá*, em *Êxodo Rabá* 19:3[9],

אמרו רבותינו ג' דברים עשה משה והסכימה דעתו לדעת המקום, בהר סיני דרש ואמר אם ישראל שאינן מועדים לדברות א"ל (שמות יט) אל תגשו אל אשה, אני שאני מועד לדבור אינו דין שאפריש עצמי מן האשה והסכים הקב"ה עמו שנאמר (דברים ה) ואתה פה עמוד עמדי, והשניה דרש באהל

9. É apresentada aqui a versão do *Êxodo Rabá* conhecida como versão Vilna.

מועד ואמר ומה אם סיני שלא היתה קדושתו אלא לשעת מ"ת לא עליתי אלא ברשות שנאמר (שמות יט) ויקרא אליו ה' מן ההר לאמר, אהל מועד שהוא לדורות היאך יכול אני להכנס לתוכו אלא אם קורא אותי הקב"ה, והסכים לדעתו שנא' (ויקרא א) ויקרא אל משה וידבר ה' אליו מאהל מועד, הג' דרש בחקת הפסח כשעשו ישראל את העגל אמר ומה אם הפסח שהיה לשעה במצרים אמר לי זאת חקת הפסח כל בן נכר וגו' ישראל שעבדו עבודת כוכבים יכולין הן לקבל את התורה מיד (שמות לב) וישבר אותם תחת ההר.

Ensinaram os nossos mestres [rabinos] que três coisas Moisés fez [ensinou] por conta própria e o Santo Bendito Seja Ele concordou com ele: [a primeira] no Monte Sinai, ele interpretou e disse [para si mesmo]: "Se foi ordenado [aos filhos de] Israel, que não se reúnam para falar com Deus constantemente, que não se aproximem de mulher (*Ex* 19), então eu, que constantemente reúno-me com Deus, não deveria [com muito mais razão] separar-me da [minha] mulher. E o Santo Bendito Seja Ele concordou com ele, como está escrito (*Dt* 5). E tu continua aqui em pé diante me Mim. A segunda, na Tenda de Reunião [Tabernáculo], interpretou e disse [consigo mesmo]: "Se no Sinai onde não estava Sua Santidade não subi a não ser quando Ele me convocou como está escrito (*Ex* 19): 'E chamou-o o Eterno (YHWH) desde o monte'. [Então] na Tenda de Reunião onde Ele por gerações estará, eu só poderei entrar quando for convocado". E Deus concordou com ele, conforme está escrito: (*Lv* 1) E o Eterno chamou a Moisés, e falou com ele desde a Tenda de Reunião. E a terceira: interpretou da lei de Pessakh, quando fizeram [os filhos de] Israel o Bezerro [de Ouro] e falou [consigo]: "Se em Pessakh, naquela hora no Egito, ele me ensinou: 'Esta é a lei de Pessakh, nenhum estrangeiro (partilhará dela)'. Será que agora que Israel praticou a idolatria, poderiam eles receber a *Torá*?" Imediatamente ele (*Ex* 32, 19) quebrou [as Tábuas] no sopé do monte.

As duas fontes retiradas da literatura rabínica dos primeiros séculos não fornecem uma lista exatamente igual. Na passagem do *Schabat* 87a, a lista das três coisas que Moisés fez por sua conta é: acrescentar um dia de espera para o recebimento da *Torá* quando os israelitas chegaram ao Monte; deixar de manter relações sexuais com Ziporá, sua esposa, e quebrar as tábuas, no episódio do Bezerro de Ouro. Em *Êxodo Rabá* 19:3, em vez de acrescentar um dia de espera, Moisés decide só entrar na Tenda de Reunião quando for convocado. O mais interessante, porém, na segunda passagem é que nela Moisés é apresentado fazendo inferências e tirando conclusões usando sua razão, de um modo semelhante ao método de interpretação das treze regras de rabi Ischmael. Heschel conclui que é possível demonstrar que a tradição de que Moisés fez coisas por conta própria é oriunda da escola de rabi Ischmael. Segundo Tucker[10], a questão aqui é a admissão tácita por parte da escola de rabi Ischmael da inovação humana na própria revelação.

Rabi Akiva, por outro lado, para quem a revelação é Divina em sua totalidade, não pode admitir as conclusões tiradas dessa tradição, pois isso significaria admitir uma teologia oposta à sua, isto é, se Moisés, por conta própria, agiu e tirou conclusões que depois se tornaram parte da *Torá*, então ela teria também origem humana. Desse modo, em outra passagem, em *Êxodo Rabá* 46:3, onde é discutida a atitude de Moisés separando-se de sua esposa, a opinião de rabi Akiva é registrada como sendo:

פה אדבר בו ר' עקיבא אומר מפי הקב"ה נאמר לו (במדבר יב) פה אל.

Rabi Akiva ensina que isso foi-lhe ordenado da parte do Santo Bendito Seja Ele, conforme está escrito (*Nm* 12, 8) Eu falarei com ele diretamente (boca a boca).

Segundo a abordagem akiviana, a atitude mosaica obrigatoriamente veio da parte de Deus, ainda que no texto bíblico isso não esteja escrito claramente. Rabi Akiva infere dessa noção que Moisés teria uma comunicação direta e íntima com Deus e, desse modo, se ele se separou de sua mulher, foi porque isso também foi-lhe ordenado por Deus.

DOIS MODOS DE ENTENDER “ASSIM DISSE YHWH”

Continuando sua argumentação, Heschel aponta para a dimensão mais corrente na tradição, a de que Moisés, o profeta paradigmático, teria feito coisas a partir de sua própria tomada de decisão, sem que Deus lhe tivesse ordenado. Há passagens em que o profeta aparece proferindo a frase “Assim disse o

10. *Heavenly Torah*, p. 409.

Eterno" (כה אמר), como se estivesse citando as palavras de Deus, porém modificando aquilo que no texto Deus lhe dissera e, portanto, alterando o texto e atribuindo suas próprias palavras a Deus, ou então dando uma ordem e usando a expressão "Assim disse o Eterno", sem haver na narrativa bíblica qualquer alusão explícita de que Deus lhe tivesse ordenado qualquer coisa. Essa contradição foi notada por muitos comentadores e é comentada em passagens da literatura rabínica talmúdica e medieval.

Exemplos de tais passagens encontram-se em *Êxodo* 11, 4-5 e em *Êxodo* 12, 12, quando, segundo a narrativa, Deus diz a Moisés: "E Eu passarei pela terra do Egito esta noite. Eu sairei pelo meio do Egito [no episódio da morte dos primogênitos]". E então Moisés proclama ao povo "Assim disse o Eterno à meia--noite", claramente especificando e acrescentando suas palavras na proclamação divina. Heschel então traz uma fonte rabínica[11] segundo a qual essas seriam as palavras de Moisés e não de Deus, enquanto outras fontes tentam contemporizar de modo a negar que Moisés tenha dito algo que não viesse de Deus.

O caso mais interessante de Moisés aparecer proferindo "Assim disse o Eterno" é encontrado em outra passagem bíblica, no episódio do Bezerro de Ouro, quando, ao chegar ao acampamento dos israelitas, depois de ter quebrado as duas tábuas de pedra, ele convoca os levitas e proclama: "Assim diz o Eterno Deus de Israel: Cada um ponha a sua espada sobre a sua coxa; e passai e tornai pelo acampamento de porta em porta, e matai cada um a seu irmão, e cada um a seu amigo, e cada um a seu vizinho" (*Ex* 32, 27). Nessa passagem Moisés proclama uma execução em massa, uma verdadeira chacina, sem que exista qualquer passagem em que Deus lhe ordene qualquer coisa referente a essa execução. Mesmo assim, Moisés afirma que é o próprio Deus quem comanda. Para Nakhmânides (séc. XIV) Deus teria lhe ordenado sem que isso tivesse sido registrado no texto bíblico, desse modo tomando partido pelo ponto de vista segundo o qual Moisés não teria feito isso *sponte sua*. Segundo Heschel, porém, o *Midrasch Ielamedeinu*[12], outro comentário medieval, afirma que Moisés falou por conta própria, por sua própria autoridade.

11. TMH, v. 2, p. 136.
12. Idem, p. 143.

Aqui, pela primeira vez, Heschel torna explícito um elemento de sua argumentação que é usado continuamente em TMH: a de que esse debate teológico, assim como outros já apresentados anteriormente, tem raízes mais antigas na tradição rabínica e é de fato uma *makhloket ha-tanaim*[13], uma disputa entre os *tanaim*, os sábios das primeiras gerações (antes do ano 200 E.C.) que são mencionados como autores de ensinamentos na *Mischná*. *Makhloket ha-tanaim* é de fato um termo técnico muito encontrado na discussão sobre a lei, a *Halakhá*, no *Talmud*. Com o emprego desse termo, tenta-se, no *pilpul* talmúdico, demonstrar que a discussão entre dois sábios de um período mais tardio tem de fato raízes muito antigas e que já era uma disputa entre os primeiros sábios anteriores à *Mischná*. Dessa forma, a estratégia do *pilpul* talmúdico é demonstrar que a discussão tem o caráter de uma divergência em que ambas as opiniões carregam grande autoridade e que talvez não tenha resolução, ou que, pelo menos, a opinião minoritária ou alternativa é igualmente válida. Segundo afirma Tucker[14], Heschel ecoa a linguagem talmúdica e, de um modo que lhe é típico, transpõe o discurso dialético da *Halakhá* para o terreno da *Agadá*, relacionando uma à outra e ressaltando assim sua leitura dialética da teologia rabínica.

Para demonstrar que a disputa entre os rabinos – sobre se Moisés, em sua atuação como profeta, não apenas agiu e tirou conclusões por conta própria, mas também usou a expressão "assim disse YHWH" sem que essas fossem literalmente as palavras de Deus – é de fato uma *makhloket ha-tanaim*, uma disputa entre os primeiros sábios. Heschel confronta duas passagens de diferentes coletâneas de *midraschim* do período dos *tanaim*. As passagens são tiradas do *Sifrei Bamidbar* e da *Sifra*.

O *Sifrei Bamidbar* é uma coletânea de *midraschim* de tipo exegético sobre o livro de *Números*, que o interpreta capítulo por capítulo e, em algumas passagens, versículo por versículo. Geralmente o *midrasch* exegético é um *midrasch* sobre a *Halakhá*, mas como o livro de *Números* tem muitas passagens de narrativa, há também muito material agádico. Tucker[15]

13. Idem, p. 146.
14. *Heavenly Torah*, p. 424.
15. Idem, ibidem.

afirma que o rabino ortodoxo e erudito alemão David Tzvi Hoffman foi o primeiro a propor a teoria de que as coletâneas de *Midrasch Halakhá* podem ser divididas em duas categorias, produzidas pelas escolas de rabi Ischmael e de rabi Akiva, e buscou demonstrar que os *Sifrei Bamidbar* contêm material originado principalmente da escola da rabi Ischmael.

Do *Sifrei Bamidbar*: *Matot* 153, Heschel cita a seguinte passagem:

זה הדבר, מגיד שכשם שנתנבא משה בכה אמר (שם /שמות/ יא ד) כך נתנבאו הנביאים בכה אמר ומוסיף עליהם משה שנאמר בו זה הדבר.

Esta é a palavra [de Deus]" זה הדבר, a explicação dessa expressão é: do mesmo modo como Moisés profetizou usando a expressão "assim disse YHWH" כה אמר, também profetizaram os [outros] profetas com a expressão "assim disse YHWH". E Moisés foi além deles, como está escrito na passagem [em *Êxodo* 11, 4] "esta é a palavra [de Deus]".

Heschel conclui que essa passagem do *Midrasch* é congruente com o pensamento da escola de rabi Ischmael de que Moisés fez coisas e falou em nome de Deus a partir de suas próprias conclusões. A passagem diferencia duas expressões da linguagem profética "assim disse YHWH", usada por Moisés e pelos outros profetas em geral e "Esta é a palavra [de Deus]", usada apenas por Moisés. Como o próprio texto bíblico afirma que Moisés foi o maior profeta em Israel, daí surgiu a metáfora rabínica de que a diferença entre a profecia mosaica e a profecia dos outros profetas bíblicos é que Moisés teria vivenciado o encontro com Deus com uma *aspaklaria meirá* (lente translúcida, limpa) e os outros profetas teriam vivenciado a revelação profética de um modo inferior, como quem vê com uma *aspaklaria sche eina meirá* (uma lente opaca ou suja).

Segundo a passagem de *Sifrei Bamidbar*; *Piska* 153, Moisés também teria profetizado no nível dos outros profetas e algumas vezes teria ido além, chegando a um nível mais alto de experiência profética, o que se refletiria na própria linguagem bíblica. Heschel conclui daí que, para o autor rabínico tanaítico desta passagem, quando Moisés usa a expressão "Assim disse YHWH" כה אמר, o intento é afirmar que ele e, por extensão, todos os outros profetas estariam transmitindo apenas a intenção da mensagem divina e não sua literalidade. Assim, somente quando é usada a expressão "Esta é a palavra [de Deus]" זה הדבר estaria o texto bíblico se referindo a uma revelação mais direta. As palavras da profecia bíblica seriam em grande parte apenas palavras dos profetas, testemunho humano da revelação. Dito de outro modo, grande parte do texto bíblico da *Torá* (*Pentateuco*) e dos Profetas seria constituído de palavras humanas. Para esse ponto de vista tradicional, a *Torá* é também humana.

O ponto de vista oposto, de que toda a *Torá* é literalmente a palavra de Deus, é expresso na passagem citada por Heschel retirada de *Sifra Aharei Mot* 6. A *Sifra* é outra coletânea de *midraschim* de tipo exegético sobre o livro de *Levítico*, composta no séc. II, que o interpreta capítulo por capítulo e, em algumas passagens, versículo por versículo. Essa coletânea teria tido origem, segundo a teoria de Hoffmann e de outros, na escola de rabi Akiva. Na passagem citada por Heschel, lê-se:

זה הדבר אשר צוה ה' מלמד שהפרשה נאמרה בכה אמר, אין לי אלא זו בלבד מנין שכל הפרשות נאמרו בכה אמר תלמוד לומר זה הדבר אשר צוה ה' בנין אב לכל הפרשות שהיו בכה אמר

"Esta é a palavra", זה הדבר, que ordenou YHWH, isso ensina que a passagem da *Torá* foi dita usando a expressão "assim disse YHWH" כה אמר, apenas para ensinar que em todas as passagens onde está escrito "assim disse YHWH", כה אמר, é ensinado que a expressão é na verdade "Esta é a palavra", זה הדבר que ordenou YHWH", sendo ela o paradigma [para interpretar] todas as passagens onde está escrito na forma "assim disse YHWH", כה אמר.

Desse modo, o ponto de vista akiviano não distingue nenhuma diferença entre as duas expressões, mantendo a opinião de que o profeta recebe sempre uma revelação verbal e, portanto, de que toda a *Torá* é a palavra literal de Deus. Não há para essa posição diferença de níveis na revelação. Isso é compatível com a posição maximalista de que Moisés recebeu toda a *Torá* durante a revelação no Sinai, incluindo aí não apenas o *Pentateuco*, mas também a revelação recebida pelos outros profetas, os livros bíblicos da coleção dos Escritos e mesmo a *Torá* Oral.

Em TMH, Heschel não se limita à discussão entre rabi Ischmael e rabi Akiva. No segundo volume, cada vez mais cita o desenrolar desse debate que foi travado entre sábios de outras gerações anteriores e posteriores a esses dois *avot olam*. Esses ensinamentos e opiniões foram recordados no *Talmud*, no *Midrasch* e nos comentários e obras de rabinos medievais. Desse modo, Heschel tece o seu *pilpul* como um debate que atravessa gerações. No caso da controvérsia sobre se Moisés agiu e falou por conta própria, Heschel demonstra que isso já era tema de debate entre rabi Ieoschua e rabi Eleazar Hamodai[16], no final do primeiro século, uma geração antes de rabi Akiva e rabi Ischmael. Além deles, mesmo antes no início do primeiro século, Filo de Alexandria já tinha emitido sua opinião sobre esse mesmo tema[17].

Heschel, porém, continua sua argumentação trazendo outra forma de enunciação do argumento ischmaeliano. A diferença entre as duas expressões "assim disse YHWH" כה אמר e "esta é a palavra" זה הדבר é abordada a partir das formas verbais אמר "dizer" e דבר "falar" em lugar de כה "assim" e זה "esta". A diferença entre níveis de profecia remete assim à distinção feita na literatura rabínica entre uma הרימא uma "declaração" e um דיבור um "enunciado".

De acordo com o autor do *Korban Aharon*[18], um enunciado refere-se à citação *ipsis litteris* das palavras, inclusive em sua articulação fonética, enquanto uma declaração refere-se apenas ao mérito do assunto e não às palavras. Aharon afirma que, quando se diz que certa pessoa falou algo, faz-se referência às palavras que foram ditas por ela, porém, quando se afirma que certa pessoa disse algo, a referência é feita ao assunto e não às palavras específicas que foram ditas por ela[19].

Ainda segundo o rabino Menahem Recanati, cabalista italiano que viveu entre os séculos XIII e XIV, a diferença entre as expressões 'ויאומר ה "YHWH disse" e 'וידבר ה "YHWH falou", muito comuns no texto bíblico, remete à diferença entre a *Torá* Oral e a *Torá* Escrita. Como esclarece Tucker, uma simples letra errada num rolo da *Torá* o torna impróprio para o uso, enquanto o exato texto do *Talmud* nunca foi estabelecido, coexistindo

16. TMH, v. 2, p. 157.
17. Idem, p. 161.
18. Aharon ben Meir ibn Haim, Marrocos, séc. VXII.
19. TMH, v. 2, p. 148.

diversas versões paralelas do texto talmúdico em manuscritos. Em outras palavras, nem todas as partes da *Torá* Escrita teriam o *status* de exatidão que normalmente lhe é atribuída, uma vez que estão mais próximas da tradição oral.

Essa argumentação hescheliana mostra que, se o ponto de vista geralmente sustentado por eruditos ortodoxos contemporâneos de que a revelação seria verbal encontra sustentação na tradição rabínica mais antiga, também o ponto de vista oposto, que nega uma revelação verbal literal, se sustenta em outras fontes da mesma literatura rabínica tradicional. Desse modo Heschel "desconstrói" de forma sutil a noção geralmente aceita de que a teologia ortodoxa seja a única de fato baseada nas fontes tradicionais.

DEUTERONÔMIO COMO *TORÁ* ORAL

Outra dimensão da argumentação hescheliana acerca da existência de um debate nas fontes rabínicas sobre a possibilidade de a noção da existência de um elemento humano na *Torá* não ser moderna e de essa ideia não ter sido rejeitada universalmente pelas fontes tradicionais encontra-se da discussão sobre o *status* do *Deuteronômio*, o quinto livro do *Pentateuco*. As fontes rabínicas, desde o período talmúdico, já reconheciam importantes diferenças de estilo entre e a composição do *Deuteronômio* e os outros quatro livros do *Pentateuco*. Ao contrário da narrativa dos outros quatro, no *Deuteronômio* Moisés se comunica na primeira pessoa, o Monte Sinai é constantemente chamado de Horeb e os levitas são descritos como um grupo social empobrecido.

No *Talmud Babilônico*, no tratado *Baba Batra* 14b, pode-se ler a seguinte passagem:

משה כתב ספרו ופרשת בלעם ואיוב

Moisés escreveu seu livro, a passagem sobre Bilam e o Livro de Jó.

Conforme afirma Tucker[20], não importa como seja lida, essa declaração é problemática. Se "escreveu" for entendido como

20. *Heavenly Torah*, p. 451.

quando escreve algo que lhe foi ditado e "seu livro" for entendido como sendo o *Pentateuco*, então a menção sobre a passagem de Bilan (*Nm* 22, 24) é supérflua. Por outro lado se "seu livro" for entendido como sendo o *Deuteronômio*, então "escreveu" só pode significar compôs e assim o *status* do *Deuteronômio* já seria reconhecido na literatura talmúdica, ao menos por alguns, como uma significante exceção no conceito de que a revelação opera sem a participação de qualquer elemento humano ativo.

Dando mais suporte a essa posição, Heschel cita uma passagem do *Talmud Babilônico*, onde se discute a possibilidade de fazer ou não pausas na leitura pública da *Torá* na sinagoga. A discussão começa na *mischná Meguilá* 3:6, onde se lê: את כולן אין מפסיקין בקללות אלא אחד קורא "não se faz pausas [na leitura pública] nas maldições, o leitor as lê inteiramente". As maldições aqui mencionadas são os trechos de *Levítico* 26 e *Deuteronômio* 28, também conhecidos em hebraico como *tokhehá* (repreensão), em que são descritas as calamidades que poderiam sobrevir ao povo, caso desobedecessem aos mandamentos de Deus. No debate da *Guemará* em *Meguilá* 31b pode-se ler:

בתעניות ברכות וקללות ואין מפסיקין בקללות. מנא הני מילי? אמר רב חייא בר גמדא אמר רבי אסי: דאמר קרא +משלי ג'+ מוסר ה' בני אל תמאס. ריש לקיש אמר: לפי שאין אומרים ברכה על הפורענות. אלא היכי עביד? תנא: כשהוא מתחיל – מתחיל בפסוק שלפניהם, וכשהוא מסיים – מסיים בפסוק שלאחריהן. אמר אביי: לא שנו אלא בקללות שבתורת כהנים, אבל קללות שבמשנה תורה – פוסק. מאי טעמא? הללו – בלשון רבים אמורות, ומשה מפי הגבורה אמרן. והללו – בלשון יחיד אמורות, *ומשה מפי עצמו אמרן*.

Nos dias de jejum, nas bênçãos e maldições e não pausamos nas maldições. De onde vêm estas palavras? Dizia o rabi Hia bar Gamda em nome de rabi Assi: "Pois está escrito (*Pv* 3) 'Filho meu, não rejeites a correção do Eterno'". Reisch Lakisch dizia: isso é porque não se diz uma bênção [da leitura da *Torá*] por uma calamidade. Então como é feito? É ensinado: quando ele [o leitor] começa, começa no versículo antes delas, e quando ele conclui, conclui no versículo depois delas. Dizia Abaie: "Isso só nos foi ensinado com relação às maldições do *Levítico*, porém com relação às maldições do *Deuteronômio* é possível fazer pausa. Qual o motivo? Aquelas foram ditas no plural e Moisés as anunciou por iniciativa de Deus. Estas foram ditas no singular *e Moisés as anunciou de sua própria iniciativa*".

Para dar suporte à opinião de que as palavras de Abaie significam que essas são as palavras de Moisés e não diretamente de Deus, Heschel recorre ao comentário de Alfassi (África do Norte, séc. XI), sobre o *Talmud Babilônico*, e principalmente ao comentário de Raschi, (França, séc. XI) onde se lê:

קללות הללו משה מפי עצמו אמרן ושבהר סיני מפי הקב"ה אמרן [...]
והקיל משה בקללותיו לאמרן בלשון יחיד

Aquelas maldições Moisés proferiu de sua própria iniciativa e as [do *Levítico*] foram proferidas por iniciativa do Santo Bendito Seja Ele [...] e [no *Deuteronômio*] Moisés as suavizou colocando-as no singular.

Segundo Heschel, é surpreendente que não haja nenhuma objeção no *Talmud* ao ensinamento de Abaie, que, portanto, é tido como uma tradição válida. Para Heschel, a afirmação de Abaie, de serem aquelas as palavras de Moisés, não se refere apenas às maldições do capítulo 28, mas a todo o livro de *Deuteronômio*. Para dar suporte a essa afirmação, há uma tradição na literatura rabínica que estende isso a todo o livro. A propósito disso, Heschel cita então o *Zohar* (séc. XIII), onde se afirma que

האי דאקרי משנה תורהשה מפי עצמו אמרן

Ele [o *Deuteronômio*] é chamado de *Mischne Torá* [Segunda *Torá*], pois Moisés as [essas palavras] proferiu de sua própria iniciativa.

Ou seja, há uma tradição de que no *Deuteronômio* não haveria palavras do profeta relativas apenas à revelação divina, como na discussão sobre a expressão "assim disse YHWH" כה אמר, mas o livro inteiro teria sido escrito pela iniciativa humana e tornou-se parte da *Torá*.

Ainda que o ensinamento de Abaie de que "as maldições do *Deuteronômio*, Moisés as anunciou de sua própria iniciativa" não tenha sofrido objeções nesssa passagem do *Talmud*, é possível encontrar outros sábios que se opuseram a elas[21]. Entre esses sábios, Heschel cita Reisch Lakisch, que afirmou num estilo bem ao modo do *midrasch* de tipo akiviano:

21. TMH, v. 2, p. 189.

דיבר משה אלא דבר משה אל תהי אומר

Não digas Moisés falou, mas fale Moisés!

Em outras palavras, para Reisch Lakisch, tudo o que Moisés falou foi por vontade de Deus. Outro sábio, contemporâneo de Reisch Lakisch, rabi Iohanan afirmou, com relação a esse tema em *Midrasch Hagadot* 11, p. 6:

כל האומר שמשה הוכח את ישראל מדעתו אינו אלא חוטא, והבא לומר כן, אומרין לו: תשובתך בצדך, ככל אשר צוה ה' אותו אלוהים, לא הוכיחן אלא מדעת הקדוש ברוך הוא.

Todo aquele que diz que Moisés admoestou a Israel por sua própria vontade nada é além de um pecador, e devemos refutá-lo citando as Escrituras: "De acordo com tudo aquilo que lhe ordenou Deus", ele apenas os admoestou segundo aquilo que era a vontade de Deus[22].

Heschel, que até aqui só discutiu com a literatura rabínica, com exceção de algumas referências feitas a Filo de Alexandria, ou a fontes pré-rabínicas, como o *Livro de Enoque*, agora debate com uma fonte cristã primitiva, a *Didascália*, composta no Oriente Médio por volta do terceiro século. Mais à frente essa referência será retomada, para comentar a posição teológica hecheliana e as fronteiras do debate religioso. Neste ponto, é necessário apenas ressaltar que Heschel usa aqui a *Didascália* para encontrar alguma possível razão que motivasse uma posição mais fechada por parte daqueles que negavam qualquer possibilidade de Moisés ter composto por sua própria iniciativa o *Deuteronômio*. É fácil entender que os primeiros rabinos, em especial na Terra de Israel, sentiam a necessidade de refutar a posição de certos grupos, entre eles alguns cristãos, que negavam a santidade de algumas partes da *Torá*, como por exemplo o *Deuteronômio*, ao afirmar que elas teriam sido compostas por homens e por isso seriam apenas textos forjados pelos judeus. Em outras palavras, certos escritos dos cristãos primitivos teriam uma posição maximalista sobre a revelação, segundo a qual a participação humana só

22. Idem, ibidem.

poderia ser a de mero redator do ditado divino. Essa posição negava as bases do judaísmo rabínico, afirmando que somente certos mandamentos seriam verdadeiros.

Um ponto de vista único sobre este tema foi apresentado pelo rabino Tzadok de Lublin em seu comentário da Guemará, no tratado de *Schabat* 88a onde se lê:

דרש ההוא גלילאה עליה דרב חסדא: בריך רחמנא דיהב אוריאן תליתאי לעם תליתאי, על ידי תליתאי.

Um certo galileu *pregou* diante de Rav Hisda: Bendito seja o Misericordioso que deu um ensinamento trino ao povo trino, através de três partes.

A explicação mais comum dessa passagem é que ela é uma referência às três partes em que se subdivide a *Torá* Escrita, a *Bíblia Hebraica*: *Torá* (*Pentateuco*), *Neviim* (*Profetas*) e *Ketuvim* (*Escritos*). Essa é, por exemplo, a posição de Raschi e Rabeinu Nissim. O rabino Tzadok de Lublin discorda dessa posição e afirma que as três partes já estão contidas no *Pentateuco*. Assim, além da distinção entre uma profecia através de uma *aspaklaria meirá* (lente translúcida, limpa) e uma revelação profética inferior, através de uma *aspaklaria sche eina meirá* (uma lente opaca ou suja) como as dos outros profetas, haveria ainda mais um nível no *Pentateuco*, assim como nos *Escritos*, que são considerados como o mínimo do mínimo da revelação. Estes, porém, seriam mais fruto de uma "inspiração divina", e sua inspiração não é produto da experiência profética, mas de algo muito mais indireto, em que nem as palavras nem o conteúdo da mensagem é diretamente divino. A parte ainda mais inferior desse terceiro nível é o que muitas fontes consideram o máximo a que chega o cerne da *Torá* Oral, a saber, a *Mischaná* e o *Midrasch*. O *Deuteronômio* seria assim, de acordo com essa visão, o início da tradição oral. Mais uma vez, por outro caminho, o *pilpul* hescheliano chega à mesma conclusão anteriormente vista: se, por um lado, os vasos comunicantes entre a *Torá* Escrita e a Oral conduzem à *Torá* Escrita para a dimensão da transmissão humana, por outro, a revelação, isto é, a ação divina, continua de forma indireta e sutil, para além da *Bíblia* na tradição rabínica.

O PROFETA É UM PARCEIRO OU UM INSTRUMENTO?

A leitura que Heschel faz das fontes mais antigas do pensamento rabínico, questionando se o profeta poderia ou não agir por iniciativa pessoal, desemboca num ponto mais profundo para o pensamento religioso judaico: seria o verdadeiro profeta, durante o cumprimento de sua missão, apenas um instrumento sem vontade própria ou seria ele um parceiro ativo junto a Deus nessa tarefa? Qual será a essência da experiência profética, segundo o pensamento judaico? Essas questões desembocam no próprio tema sobre o que seria a experiência religiosa do encontro com Deus, isto é a revelação?

Do que foi visto até aqui, o trato hescheliano das fontes tem mostrado que, se a questão é de fato decisiva para a vivência religiosa, ela gera uma discussão teológica na qual o pensamento rabínico não se apresenta como pensamento único, mas como um debate transgeracional refletido na literatura tradicional. Compre, então, desvendar nas próprias fontes quais são os pontos de vista em debate. Em termos heschelianos, quais seriam as polarizações entre maximalistas, akivianos, místicos e minimalistas, ischmaelianos e racionalistas.

O argumento de que o profeta perde a consciência durante a experiência profética é encontrado em uma passagem do *Midrasch* sobre os *Salmos*, o *Midrasch Tehilim* 90:4 (segundo a edição feita por Buber[23]), onde se lê a opinião trazida por rabi Eleazar em nome de rabi Iossi ben Zimrá:

אמר ר' אלעזר בשם ר' יוסי בן זימרא כל הנביאים שהיו מתנבאים לא היו יודעין מה היו מתנבאין... שמואל רבן של נביאים היה מתנבא ולא היה יודע, שנאמר וישלח ה' את ירובעל ואת בדן ואת יפתח ואת שמואל (ש"א שמואל א' =יב יא), ואותי אינו אומר, אלא ואת שמואל, שלא היה יודע מה היה מתנבא

Dizia [ensinava] rabi Eleazar em nome de rabi Iossi ben Zimrá: "Todos os profetas que profetizaram não sabiam o que estavam profetizando [...] Samuel, o mestre dos profetas, profetizava sem saber sobre o que profetizava, como está escrito: 'E YHWH enviou a

23. Trata-se aqui do avó do filósofo Martin Buber, que foi importante erudito judaico no séc. XIX.

Jerubaal, e a Baraque, e a Jefté, e a Samuel...' Ele não escreve, a mim, mas a Samuel, pois não sabia o que profetizava".

A tradição apresentada por rabi Eleazar em nome de rabi Iossi ben Zimrá apresenta o ponto de vista de que o profeta perde a consciência durante a experiência profética, tal como num transe ou num êxtase religioso, de tal modo que chega a escrever sem saber a que se refere, não apenas quanto ao conteúdo profundo da mensagem, mas até mesmo a coisas triviais. O exemplo dado do profeta Samuel é interessante, pois, além disso, é utilizado por essa fonte para demonstrar que ele perdia a noção de si e que seu escrito seria como uma forma de psicografia, o que reforça a noção de êxtase ou de uma, por assim dizer, "possessão divina" durante o momento da profecia.

Heschel, citando um trecho da liturgia de Iom Kipur, com base no capítulo 18 de *Jeremias*, afirma que, para este ponto de vista, durante a experiência profética o profeta é como o barro na mão do oleiro, por cujo desejo é alongado ou encurtado[24]. A pessoa do profeta ficaria, assim, como um espelho que reflete a luz que recebe de modo passivo e sem nenhuma iniciativa. Essa descrição da experiência profética como um êxtase ou um desligamento do eu aproxima-se muito da descrição de certas experiências místicas vividas em diversas religiões. O profeta seria como um médium. Esse mesmo tipo de descrição é feito pelo rabino e místico italiano do século XVIII, Mosche Haim Luzzatto que, em seu *Derekh Ha-Schem* (O Caminho de Deus) descreve a experiência da profecia como o despejar de um influxo divino que vira a pessoa pelo avesso tornando-a completamente inconsciente. Menakhem Recanati, outro cabalista italiano, no século XVII, já sustentava o mesmo ponto de vista: o profeta seria como um recipiente que receberia a experiência profética mesmo contra a sua vontade[25].

Interessante é Heschel lembrar que esse ponto de vista já é encontrado antes dos textos rabínicos, em Filo de Alexandria, e que, por intermédio de Filo teria influenciado vários autores

24. *Jr* 18, 6: "Então veio a mim a palavra do SENHOR, dizendo: Não poderei eu fazer de vós como fez este oleiro, ó casa de Israel? diz o SENHOR. Eis que, como o barro na mão do oleiro, assim sois vós na minha mão, ó casa de Israel".

25. TMH, v. 2, p. 264-265.

cristãos dos primeiros séculos, entre eles Atenágoras, autor do segundo século, que descreve o Espírito Santo entrando no profeta como o ar que entra numa flauta e a faz tocar. Essa opinião sobre a profecia, que a aproxima da experiência mística é, aliás, a opinião que prevalece no Ocidente. Expressão semelhante é usada na literatura rabínica pelo halakhista e filósofo Simão ben Tzemá Duran (África do Norte, 1361-1444), que descreve o profeta como uma trombeta que produz qualquer música tocada nela.

Em oposição a essa comparação do profeta com um instrumento musical passivo, Heschel cita outra passagem encontrada na *Mekhilta de Rabi Ischmael*, *Amalek* (*Itro*) 2, que aqui é transcrita na íntegra:

ועתה שמע בקולי איעצך, אם תשמעני ייטב לך. איעצך ויהי אלהים עמך,
צא והמלך בגבורה. – היה אתה לעם וגו', היה להם *ככלי מלא דברות*. –
והבאת אתה את הדברים, דברים שאתה שומע תביא ותרצה בהם.

E agora escuta a Minha voz que te aconselha, se tu me escutares será bom para ti. Eu te aconselharei e serei como Deus junto contigo, sai e reina com potência. Tu representarás o povo diante de Deus, e serás para eles como um instrumento cheio de declarações (*kli male dibrot*). E serão trazidas a ti as palavras, [as] palavras que tu escutares leva-as ao povo.

A expressão usada nesta passagem כלי מלא דברות (*kli male dibrot*) traduzida como "instrumento cheio declarações"[26] é entendida por Heschel como tendo um sentido muito diferente de um instrumento musical, pois, "o sentido de um instrumento musical é que ele emite apenas aquilo que é tocado nele ou por meio dele, denotando um instrumento sem vontade própria, sem iniciativa"[27]. Em contraste com isso, um instrumento cheio declarações, ou em outras palavras um "porta-voz", pois esse seria o único sentido que isso poderia ter naquela época em que não existiam gravadores, o que não significa que Moisés fosse mero recipiente, mas alguém que, em consonância com o ponto de vista de rabi Ischmael, poderia transmitir a mensagem com suas próprias palavras.

Para Heschel, o ponto de vista ischmaeliano vai além, em seu entendimento da experiência profética, ao afirmar que a

26. Tucker traduz em inglês como *instrument of utterances* em *Heavenly Torah*, p. 480.
27. TMH, v. 2, p. 265.

revelação se adapta à possibilidade de compreensão daquele que recebe a profecia e, para sustentar essa posição, Heschel indica a passagem retirada de *Schemot Rabá* 29 (Vilna):

חזר ר' לוי ופירשה אמר להם השמע עם קול אלהים, כיצד אילו היה כתוב קול ה' בכחו לא היה העולם יכול לעמוד, אלא קול ה' בכח, בכח של כל אחד ואחד, הבחורים לפי כחן והזקנים לפי כחן והקטנים לפי כחן, אמר הקב"ה לישראל לא בשביל ששמעתם קולות הרבה תהיו סבורין שמא אלוהות הרבה יש בשמים אלא תהיו יודעים שאני הוא ה' אלהיך

Rabi Levi mudou de opinião [no debate] e disse a eles "faça o povo escutar a voz de Deus. Se estivesse escrito "a voz de Deus em Sua força", não poderia o mundo continuar existindo. Antes está escrito "a voz de Deus da força", a força de cada um, os jovens segundo sua força, os velhos segundo sua força. Disse o Santo, Bendito Seja Ele, a Israel: "Não foi para que vocês ouvissem muitas vozes e pensassem: quem sabe existem vários deuses no céu?" antes foi para que entendessem que Eu sou YHWH seu Deus.

Cada pessoa que é recipiente da mensagem divina precisa ser capaz de interpretar e usar seu entendimento para receber a revelação. Por isso a revelação é dada numa voz que cada um consegue entender, segundo sua força: a força da luz natural da razão de cada um. "Essa ideia é compatível com o princípio de rabi Ischmael de que a *Torá* fala na linguagem humana[28]."

Esse princípio de que a revelação deve se ajustar à possibilidade de compreensão de cada indivíduo seria válido mesmo para Moisés, conforme a passagem de *Schemot Rabá* 3 (Vilna):

אמר רבי יהושע הכהן בר נחמיה בשעה שנגלה הקב"ה על משה טירון היה משה לנבואה, אמר הקב"ה אם נגלה אני עליו בקול גדול אני מבעתו, בקול נמוך בוסר הוא על הנבואה, מה עשה נגלה עליו בקולו של אביו

Ensinava rabi Iehoschua o Sacerdote filho do Rabi Nehamia: "Na hora em que o Santo Bendito Seja Ele revelou-se a Moisés, ele era um novato na profecia. Disse o Santo Bendito Seja Ele, se eu me revelar a ele com uma voz grandiosa, ele ficará aterrorizado. Se for por meio de uma voz frágil, ele será desrespeitoso com a profecia. O que Ele fez? Revelou-se a ele com a voz de seu pai".

28. Idem, p. 268.

Heschel entende essa passagem como uma confirmação, de que até Moisés, apesar de ser o maior de todos os profetas, também necessitava de que a revelação se adaptasse à sua capacidade de compreensão. Portanto a profecia, segundo esse ponto de vista, é um tipo de experiência religiosa que não exclui a capacidade de raciocinar do profeta e que não é a experiência da união com Deus descrita por muitos místicos. Desse ponto de vista, não há êxtase durante a revelação profética.

Embutida nessa perspectiva está a noção de que a revelação assume múltiplos aspectos em decorrência da diferença dos indivíduos. Deus é um, mas sua revelação é múltipla, como em outra fonte citada por Heschel, *Ialkut Schimoni* 916, onde se lê a afirmação:

איני שורה אלא במשקל אמר רבי אפילו רוח קדש ששורה על הנביאים

Ensinava Rabi [Yehudá Hanassi, o redator da *Mischná*, séc. II e III], mesmo a inspiração divina que pairou sobre os profetas, pairou apenas em certa medida.

A revelação não ocorre para além das circunstâncias e da capacidade humana. Não apenas isso, mas também a multiplicidade individualizada seria a marca do verdadeiro profeta

עולה לכמה נביאים , ואין שני נביאים מתנבאין בסיגנון אחד דאמר רבי יצחק:
סיגנון אחד

Pois ensinava rabi Itzhak, um sinal vem a vários profetas e nenhum deles profetiza do mesmo modo" (*Sanhedrin* 89a).

Em oposição a essa noção, outra fonte, *Bamidbar Rabá* 10, (Vilna) apresenta a revelação como sendo tão tremenda que israelitas morreram ao serem expostos à palavra divina:

ד"א ר' עזריה ורב אחא בשם רבי יוחנן בשעה ששמעו ישראל אנכי בסיני
נפשם יצאה מהם חזר הדבור אצל הקב"ה אמר לפניו רבון העולמים אתה
חיים ותורתך חיים שלחתני אצל מתים כולם מתים

Ensinou rav Azaria e rav Aha em nome de rabi Iokhanan: no momento em que os israelitas escutaram "Eu sou" no Sinai, suas almas saíram deles [eles morreram] e voltou a declaração para o Santo, Bendito Seja Ele. Ela [a declaração] disse a Deus: Mestre Eterno, Tu és vida e Tua *Torá* é vida, no entanto tu me enviaste para os mortos, todos eles morreram.

Aqui a revelação é descrita de forma tão sobre-humana que, além de incompreensível, como uma fortíssima radiação, mata aqueles que a ela são expostos. De acordo com esse ponto de vista, a profecia é como a experiência do êxtase, e o profeta, como um secretário que escreve aquilo que lhe foi ditado. O outro ponto de vista vê a profecia mais em termos de um diálogo onde ao final ser humano e Deus se tornam coautores da *Torá*.

As duas noções heschelianas de *páthos* e simpatia são a forma que o filósofo encontrou para sintetizar essa tensão dialética originária de sua leitura singular das fontes rabínicas. "Na hora do encontro com Deus, a personalidade do profeta preenche uma tarefa central para a mensagem divina"[29]. Na absorção da mensagem divina, o profeta não é passivo, ele reage ao chamado de Deus. De acordo com Heschel, na hora da revelação, Deus e o profeta se encontram na dimensão subjetiva. Não apenas não há aqui a negação da personalidade do profeta, é através do dialogo entre eles que flui a revelação, que não se dá apesar do diálogo: a revelação já é esse diálogo.

29. *Kol min ha-Arafel*, p. 100.

6. Dialética Teológica e Teologia Profunda

Nos dois primeiros volumes de *Torá min ha-Schamaim be--Aspaklaria schel ha-Dorot* (de 1962 e 1965), Heschel estabelece sua argumentação dialética, seu *pilpul*, sobre o pensamento sapiencial e teológico dos primeiros rabinos. Partindo exatamente do ponto em que conclui *Deus em Busca do Homem*, da diferença entre *Halakhá*, a literatura legal, e a *Agadá*, a literatura teológico-sapiencial, Heschel estabelece sua primeira tese, em que defende que o judaísmo rabínico não tem como foco de seu interesse apenas as regras de conduta derivadas da guarda dos mandamentos, as *mitzvot*, dando menos importância à experiência religiosa em si mesma. O homem da *Torá* hescheliano não pode ser reduzido ao *halakhic man*, o homem da *Halakhá* de Soloveitchik, ainda que a vivência religiosa passe pela observância dos mandamentos. Esse ponto de vista é também diferente da visão de Buber, do que poderia ser chamado de um homem da *Agadá*, orientado apenas para a vivência religiosa espontânea e descompromissada das *mitzvot*. Em outras palavras, segundo Heschel, é muito importante para a experiência religiosa rabínica a dimensão propriamente teológica, ao contrário do que afirma Soloveitchik. Sua tese é a de que o judaísmo rabínico se desenvolveu em consequência da tensão entre *Halakhá* e *Agadá*, não sendo uma nem mais nem menos importante do que a outra. Heschel buscou demonstrar que os primeiros rabinos se dedicaram tanto a debates sobre as minúcias da lei quanto a debates sobre ideias religiosas que seriam chamadas, no Ocidente, de teológicas. Mais ainda, esses dois aspectos da literatura rabínica não são completamente separáveis, de modo que as práticas religiosas influenciam posições teológicas (*aschkafot*) e são influenciadas por elas.

Uma vez estabelecida a importância da *Agadá*, a argumentação heschelliana segue adiante demonstrando que a polissemia encontrada no "mar da *Agadá*" não é um caos de máximas e ensinamentos desconexos, o que resultaria na noção de uma religião sem teologia, como propunha Mendelssohn (séc. XVIII). Tampouco o pensamento religioso dos primeiros rabinos poderia ser organizado num conjunto de princípios que compusesse, numa teologia sistemática, todo o pensamento rabínico, como propuseram, na Idade Média, Maimônides e, no século XX, a maioria dos autores que trataram desse tema, entre eles Salomon Shechter, Max Kaduschim, Joseph Soloveitchik e Urbach. Cada um deles propunha-se desvendar os princípios fundamentais da urdidura por onde se teceria a trama da visão religiosa judaica.

Heschel viu, nas diferenças de hermenêutica na interpretação do texto bíblico das escolas de rabi Akiva e rabi Ischmael, muito mais do que abordagens diferentes para a composição dos *midraschim*, os comentários bíblicos. Para Heschel, esses rabinos dos séculos I e II da era comum seriam paradigmas de uma tensão dialética que perpassa o pensamento religioso judaico. Ele buscou demonstrar que as diferenças se deviam a pontos de vista religiosos antitéticos que abordam a experiência religiosa judaica de modo polarizado. Um deles parte de uma espiritualidade mística, transcendentalista e voltada para o sobrenatural, para construir seu ponto de vista religioso, e o outro parte de uma abordagem racionalista, ético-humanista, imanentista, da experiência religiosa. Por meio do *pilpul* de Heschel, um a um os conceitos religiosos são transformados de ideias claras e distintas em noções fluidas, debatidas dentro da tradição e da literatura rabínicas. Visto da perspectiva do debate entre a *aspaklaria schel mala*, o ponto de vista transcendental, e a *aspaklaria schel mata*, o ponto de vista terrestre, até mesmo as noções de revelação e profecia se apresentam de um modo muito mais complexo. No lugar de uma teologia do judaísmo rabínico a partir das suas fontes mais antigas, surge uma "dialética teológica" que, segundo Heschel, atravessou gerações e seria visível não apenas na literatura do período talmúdico, mas também durante a Idade Média e até na literatura rabínica dos últimos séculos. Heschel afirma: "O judaísmo nutriu-se de duas fontes e ele segue dois caminhos paralelos: o caminho da visão mística e o caminho da razão"[1]. No entanto, mais do que uma tese sobre o sentido das fontes tradicionais, a dialética teológica passa a constituir a fundamentação da própria visão religiosa de Heschel.

Mas será que essa visão religiosa é consistente? Como Heschel pode defender que a reflexão oriunda da experiência religiosa de uma comunidade tradicional como Israel se dê em pares de noções antitéticas? Como pode a *Torá* falar numa linguagem infinita e ao mesmo tempo na linguagem humana? Como pode a Schekhiná, a Presença Divina, estar em especial no Monte do Templo em Jerusalém e em todos os lugares ao mesmo tempo? Como é possível que o maná seja um alimento caído do céu e ao mesmo tempo apenas um modo de fazer referência à bênção divina que fazia com que os caminhantes encontrassem o alimento (por assim dizer, o pão) em seu caminho? Como pode a *Torá* ter existido nos céus antes da criação do mundo e ser apenas a composição da tradição religiosa de Israel, cultural e historicamente determinada, através das gerações desse grupo humano tão particular? E toda a *Torá* Escrita e a Oral terem sido dadas a Moisés no Monte Sinai e terem, ao mesmo tempo, inúmeros autores? Como pode o profeta ser totalmente tomado por Deus durante a experiência profética e, ainda assim, usar suas próprias palavras e seu próprio raciocínio para transmitir a mensagem divina? Como pode a *Torá* ser palavra de Deus e ter, concomitantemente, indícios da mão humana em sua composição reconhecida até mesmo nos textos tradicionais? Não será essa visão inconsistente?

De fato, o próprio Heschel reconheceu essa possível objeção à sua leitura tão particular das fontes rabínicas e bíblicas e à sua visão teológica. Sobre isso ele escreveu:

1. TMH, V. III, p. 88.

Os adeptos do (*peschat*) sentido simples (ou os simplórios)[2], que buscam um manual de conduta em todas as situações da vida, e também igualmente nos assuntos da fé, ao verem poderosas lutas entre visões religiosas contrárias perguntarão agitados: Como vamos aprender a *Torá* a partir de agora? Dois sentidos mutuamente excludentes para cada palavra, cada versículo, cada noção e ideia? Cada um correto e justificado em si mesmo, carregando sua própria verdade? Não será isso *schiniut*, dualismo, duplicidade?[3]

Qual seria o valor e o significado de uma visão religiosa que, em vez de rejeitar, reafirma a controvérsia? Essa valorização da controvérsia não se torna ela mesma um relativismo religioso sem maior significado? Que síntese seria possível de tal valorização do pluralismo e do debate como sentido da experiência religiosa? Esse é o ponto nevrálgico do pensamento hescheliano, do ponto de vista de sua consistência intelectual e como testemunho religioso: explicar sua dialética teológica de modo a não cair no dualismo. *Schiniut*, dualismo, é uma palavra de sentido pejorativo na literatura rabínica talmúdica, pois ela remete à objeção veemente que os primeiros rabinos fizeram ao gnosticismo em geral e às seitas judaicas gnósticas em particular, consideradas heréticas por afirmarem a existência de dois poderes dirigindo os destinos do mundo. Para o monoteísmo rabínico de rabi Ischmael e de rabi Akiva, somente um Poder Supremo governa o mundo. Em que medida uma visão dialética da experiência e das ideias religiosas supera a possibilidade do relativismo amorfo? Os leitores de Heschel não tiveram a oportunidade de ter essa questão resolvida durante a vida do autor, pois o filósofo morreu prematuramente aos 65 anos, em 1972, sem ter tempo de publicar o terceiro volume de *Torá min ha-Schamaim be-Aspaklaria schel ha-Dorot*.

VISÕES RABÍNICAS DA CONTROVÉRSIA

O terceiro volume de TMH só foi publicado em 1990, muitos anos após a morte de Heschel. Silvia Heschel, sua viúva, entregou a tarefa de revisar os manuscritos e publicá-los para o rabino e

2. Heschel usa aqui do duplo sentido do termo em hebraico.
3. TMH, v. III, p. 83.

professor David Michael Feldman. O volume, que foi publicado pela editora do Jewish Theological Seminary, recebeu o título de *Eilu Va-Eilu Divre Elohim Haim* (Estas e Aquelas São as Palavras do Deus Vivo). O terceiro volume não é apenas o arremate final e a síntese a que chega o *pilpul* hescheliano sobre a *Agadá*, mas é também conclusão do estudo feito por Heschel sobre a dialética teológica na literatura rabínica.

O lugar especial de TMH na obra de Heschel deve-se a que nele é possível observar como Heschel fundamenta seu pensamento religioso nos termos da literatura tradicional rabínica e, ao mesmo tempo, apresenta uma interessante tese sobre a tensão diante da realidade como elemento central da experiência religiosa. É nele que o filósofo e o rabino se entrelaçam, pois o livro não se apresenta apenas como um estudo acadêmico sobre o pensamento dos primeiros rabinos, mas também como uma narrativa sobre as formas da experiência religiosa rabínica a partir de suas fontes primárias. Estudar TMH em confronto com o resto da obra hescheliana é, conforme já foi dito, olhar uma roupa pelo avesso, pelo lado da costura, onde é possível enxergar como ela é moldada, onde as diferentes partes da roupa se ligam. Essa roupa é a obra hescheliana inteira. TMH permite ao pesquisador de Heschel observar como sua obra é moldada e onde ela se sustenta, não apenas como filosofia, mas também como pensamento religioso judaico. Seria como algo análogo à oportunidade de ler o livro de um freudiano sobre a obra de Freud ou de um marxista sobre a obra de Marx, onde se pode ver como o autor alinhava e organiza o pensamento no qual ele se fundamenta.

Mas que tradição é essa que acolheu em suas coleções de escritos centrais textos considerados de grande autoridade para a comunidade religiosa que os produziu e que, ao mesmo tempo, trazem em si opiniões tão díspares com relação a experiências religiosas fundamentais na trajetória dessa mesma comunidade, preservando-os na forma de um debate intergeracional? Estaria a tradição rabínica consciente dessa situação? Respondendo a essa pergunta, Heschel justifica sua leitura teológico-dialética na própria tradição rabínica. Segundo sua argumentação, essa tradição desenvolveu uma reflexão sobre esse tema, consciente da tensão entre os ensinamentos dos sábios. Certas correntes chegaram até mesmo a constituir a dialética-teológica como um metaprincípio hermenêutico na leitura da *Torá* Escrita e Oral.

Um dos primeiros textos trazidos por Heschel como base de argumentação é o ensinamento atribuído ao rabi Eleazar ben Azaria (séc. II), que aparece num *midrasch* interessante sobre *Eclesiastes*, encontrado em *Haguigá* 3b e com algumas variações em outras coleções[4].

דברי חכמים כדרבנות וכמשמרות נטועים בעלי אספות נתנו מרעה אחד...
בעלי אספות – אלו תלמידי חכמים שיושבין אסופות ועוסקין
בתורה, הללו מטמאין והללו מטהרין, הללו אוסרין והללו מתירין, הללו
פוסלין והללו מכשירין. שמא יאמר אדם: היאך אני למד תורה מעתה?
תלמוד לומר: כולם נתנו מרעה אחד - אל אחד נתנן, פרנס אחד אמרן, מפי
אדון כל המעשים ברוך הוא, דכתיב +שמות כ'+ וידבר אלהים את כל
הדברים האלה. אף אתה עשה אזניך כאפרכסת, וקנה לך לב מבין לשמוע
את דברי מטמאים ואת דברי מטהרים, את דברי אוסרין ואת דברי מתירין,
את דברי פוסלין ואת דברי מכשירי.

As palavras dos sábios são como aguilhões e como pregos, bem plantados no chão pelos mestres das assembleias, que nos foram dadas pelo único pastor" (*Ecl* 12, 11)... Mestres das assembleias: esses são os discípulos dos sábios que se sentam em grupos e se ocupam com a *Torá*. Uns declaram puro outros declaram impuro, uns proíbem, outros permitem, uns declaram inadequado, outros adequado. Poderá alguém perguntar: Como vou aprender a *Torá* a partir de agora? O versículo nos ensina: "foram dadas pelo único pastor", Um único Deus as deu, um único Criador, da boca do Senhor de todos os atos elas provêm, como está escrito: Então falou Deus todas essas palavras (*Ex* 20, 1). Desse modo faz do teu ouvido um funil e adquire um coração que te faça escutar as palavras dos que declaram puro e dos que declaram impuro, as palavras dos que proíbem e dos que permitem, as palavras dos que declaram inadequado e dos que declaram adequado.

De acordo com a opinião expressa nesse *midrasch*, escutar o testemunho e o ensinamento das correntes opostas dos sábios é um modo de buscar aprender do próprio Deus Vivo. Os debates entre os sábios expressam no plural as palavras vivas, atualizando a revelação. Nessa e em outras passagens do *Talmud* e

4. Idem, ibidem.

nas coleções de *midraschim*, o debate entre os sábios é chamado de "palavras do Deus Vivo". Buscar a Palavra de Deus é ouvi-la da boca dos diversos discípulos dos sábios como polissemia e contradição. Na opinião expressa pelo *Midrasch*, que expõe uma tradição ensinada em nome de rabi Eleazar ben Arakh, é justamente desse modo que a *Torá* deve ser apreendida.

Essa passagem é um preâmbulo, ou *petihá*, uma forma literária midráschica que, segundo vários estudiosos, é derivada de breves homilias proferidas na sinagoga primitiva ou no *beit midrasch*, a casa de estudos do período talmúdico. Tais homilias eram ditas imediatamente antes da leitura da Escritura, entre os séculos primeiro até o décimo. Como técnica típica desse tipo de comentário, o versículo é subdividido em várias partes que são alinhavadas em um pequeno sermão ao longo do comentário. A unidade do sermão revela uma opinião partidária da polissemia e da dialética teológica. Trata-se, assim, de uma tradição sobre essa polissemia, que busca incorporá-la.

A pergunta retórica é a mesma que Heschel também usa – "Como vou aprender a *Torá* a partir de agora?" – ela introduz um conflito para a razão, pois como é possível que duas opiniões sejam corretas e mutuamente excludentes ao mesmo tempo? É a essa tensão que então se responde. Como texto-prova de sua opinião, Eliazar ben Arakh apresenta o versículo: "Então falou Deus *todas estas palavras*". Destaca-se a noção de palavras no plural e a correlação entre a Palavra de Deus na revelação do Sinai e as palavras múltiplas e conflitantes dos sábios. Vemos que, no versículo em hebraico, é usado o nome divino אלהים (Elohim) e o verbo דבר "falar", de onde a noção de Palavra de Deus, que não é apenas a Escritura, mas também os ensinamentos e comentários dos sábios. As diversas opiniões dos discípulos dos sábios (como os rabinos são chamados no *Talmud*[5]) são como o eco multiplicado dessa palavra. Observe-se que pergunta nesse *midrasch* não é "Como deverei praticar a lei?", que poderia ser facilmente respondida por qualquer discípulo dos sábios: Em matéria de lei, segue-se a maioria. A questão é: como vou "aprender" *Torá*? Essa questão aponta para a preocupação com a possibilidade de uma situação caótica no

5. Essa expressão é muito similar à palavra grega "filósofo", o amigo da sabedoria. É também uma expressão de humildade intelectual.

beit midrasch, onde o conflito e o debate poderia conduzir à perda do sentido profundo da *Torá*. "Se os rabinos discordam entre si com respeito ao significado de cada versículo, se de cada lei e versículo podem surgir opiniões e interpretações opostas simultaneamente, então por que aprender *Torá*?"[6] O termo *schiniut* (dualismo), na literatura rabínica, foi usado para referir-se à heresia de Elischa ben Abuia, o Aher, o sábio que se tornou um herege por acreditar que existiriam dois poderes no universo. Heschel está o tempo todo, em sua obra, jogando com as palavras e, na sua abordagem da literatura rabínica, essa é uma característica muito presente do seu estilo de escrever e argumentar. Mas a *schiniut*, em Heschel, é também expressão para fazer referência à fragmentação da realidade e, portanto, à degradação da experiência religiosa em mero relativismo. Sua resposta dada nesse *midrasch* para a objeção de *schiniut*, algo entre dualismo e dualidade, é que "falou Deus todas essas palavras". Essa resposta contém um otimismo de que, por trás da multiplicidade, exista uma unidade profunda nas opiniões dos sábios, por serem suas palavras ecos da mesma revelação. Segundo Heschel, a experiência religiosa se apresenta como sendo subjetiva, múltipla e contraditória e, ao mesmo tempo, unitária por trás da diversidade encontrada na sua dimensão intersubjetiva em que o debate é o caminho para essa unidade.

O *midrasch* de *Haguigá* 3b serve de introdução para outra passagem ainda mais contundente na argumentação de Heschel, que se encontra em *Eruvim* 13b. Aqui:

אמר רבי אבא אמר שמואל: שלש שנים נחלקו בית שמאי ובית הלל, הללו אומרים הלכה כמותנו והללו אומרים הלכה כמותנו. יצאה בת קול ואמרה: אלו ואלו דברי אלהים חיים הן, והלכה כבית הלל. וכי מאחר שאלו ואלו דברי אלהים חיים מפני מה זכו בית הלל לקבוע הלכה כמותן - מפני שנוחין ועלובין היו, ושונין דבריהן ודברי בית שמאי. ולא עוד אלא שמקדימין דברי בית שמאי לדבריהן.

Ensinava rabi Aba em nome de Schemuel: por três anos discutiram as escolas de Schamai e de Hilel. Estes diziam – a *Halakhá* é conforme nossa opinião – e aqueles diziam – a *Halakhá* é conforme a nossa opinião. Finalmente uma *bat kol*, "uma voz divina [celeste]" apareceu e disse: Estas e aquelas são as palavras do Deus Vivo, mas a

6. TMH, v. III, p. 83.

Halakhá é conforme a escola de Hilel. E se mais tarde perguntarem: Se "estas e aquelas são as palavras do Deus Vivo", por que então foi laureada a escola de Hilel, tornando-se aquela que fixa a lei? Porque eles eram cordiais e modestos, pois estudavam suas opiniões e as da escola de Schamai. E não apenas isso, eles mencionavam as opiniões da escola de Schamai antes das suas.

Diferentemente de outras passagens da literatura rabínica dos primeiros séculos, essa famosa história só é narrada uma única vez, tendo, portanto uma única versão, ainda que existam duas menções a ela no *Talmud de Jerusalém*[7], onde é narrado que a *bat kol*, a voz divina, pronunciou a frase "estas e aquelas são as palavras do Deus Vivo, mas a *Halakhá* é conforme à escola de Hilel". Essa frase é o centro da narrativa. A primeira parte da frase "estas e aquelas são as palavras do Deus Vivo" ocorre em outra narrativa que aparece duas vezes, no *Guitin* 6b e no *midrasch Ialkut Schimoni Schofetim* 247, onde faz referência a uma disputa sobre uma questão agádica entre dois sábios, Eival e Ionatan. Portanto a expressão não é usada no *Talmud* apenas em contextos de discussão de *Halakhá*, mas também na *Agadá*. Há disputa tanto no terreno das questões sobre lei e da conduta quanto no terreno das questões teológico-sapienciais.

Na *Halakhá*, a máxima *eilu vaeilu divrei elohim haim* foi fixada como expressão de um conceito jurídico. No entanto, tal como outras máximas que se tornaram conceitos halákhicos, por exemplo, *lo ba-schamaim* (ela não está no céu) ou *lifinim meschurat ha-din* (para além da letra da lei), que foram comentadas anteriormente, esses casos são princípios teológicos que foram cooptados pela literatura jurídica rabínica. Várias divergências de opinião sobre a lei entre as escolas de Hilel e Schamai são citadas no *Talmud*. Curiosamente, mais adiante, na mesma página de *Eruvim* 13b, é dado um exemplo de disputa entre essas duas escolas de pensamento rabínico do primeiro século, que está no campo do pensamento religioso teológico-sapiencial e não no campo da *Halakhá*, demonstrando que esse princípio é significativo também para a *Agadá*. As duas escolas teriam debatido por anos sobre se teria sido melhor para o ser humano ter sido ou não criado (ter nascido). A mesma máxima é usada na literatura

7. *TJ Berakhot*, cap. 4: 3 linha 2 e *TJ Ievamot*, cap. 1: 3 linha 2.

rabínica tanto para as disputas entre Hilel e Schamai, quanto entre Eival e Ionatan, e tanto referindo-se à esfera da lei quanto à esfera do pensamento sapiencial-teológico.

Heschel, como sustenta Tucker[8], amplia o escopo dessa máxima para dar suporte ao seu argumento em prol da dialética teológica como um princípio rabínico mais geral entre as duas tendências de pensamento religioso que polarizam, segundo ele, o judaísmo rabínico através dos tempos: a mística transcendentalista akiviana e a razão ético-imanentista ischmaeliana. Importante, porém, é notar que, segundo Heschel, a máxima, ao mesmo tempo em que sanciona a controvérsia e o pluralismo de opiniões, também limita o seu escopo. Em um trecho do capítulo IV do terceiro tomo de TMH, que Tucker por algum motivo não traduziu, Heschel argumenta que essa máxima não deve ser lida apenas em sua primeira parte "estas e aquelas são as palavras do Deus Vivo", descartando a segunda "mas a *Halakhá* é conforme a escola de Hilel". Como numa situação de *pilguinan dibura*[9], isto é, de "recorte do testemunho", quando o tribunal rabínico aceita uma parte de um testemunho de alguém e não dá ouvidos para a outra parte, pois isso levaria ao relativismo e à dualidade amorfa[10]. Não se trata de fazer da *Torá* duas *Torot*[11]. A questão hescheliana é como preservar a complexidade do debate de posições religiosas ao mesmo tempo que se vislumbra uma unidade dos contrários.

Essa é, segundo o historiador da *Halakhá* Moshe Halbernal, uma questão que tem sido debatida na tradição rabínica pós-talmúdica. Na Idade Média teriam, segundo ele, surgido três diferentes abordagens para explicar a pluralidade na tradição, em especial na *Halakhá*:

1. A posição recuperadora, segundo a qual toda a *Torá* foi dada no Monte Sinai de modo perfeito e unívoco; a controvérsia é atribuída ao esquecimento de informação. Cabe aos sábios tentar recuperar por meio do debate, com erros e acertos, a opinião do Sinai. Esta opinião é típica dos *geonim*

8. *Heavenly Torah*, p. 701.
9. TMH, v. III, p. 83.
10. Idem, ibidem.
11. Plural hebraico de *Torá*.

das academias babilônicas logo após o período talmúdico e no *Sefer ha-Kabalá* de Avraham ibn Daud. Segundo essa posição, o esquecimento deveu-se à falta de estudo, de informação e de conexão com as gerações anteriores.

2. A posição acumulativa, segundo a qual, no Monte Sinai foram transmitidos apenas princípios gerais. As particularidades da *Torá* são construídas analiticamente a partir desses princípios dados. Assim, a controvérsia é oriunda não de Deus, mas da limitação humana, de diferentes estudiosos chegando a conclusões diferentes. Essa é a posição de Maimônides.

3. A posição constitutiva: Deus deu aos sábios das diversas gerações o poder de decidir o que está "correto". A revelação foi ouvida desde o princípio, de modo múltiplo. Esta posição não reconhece um "certo" ou um "errado" *a priori* em termos de comentário da *Torá*. Seria a posição dos rabinos medievais como Nakhmânides na Catalunha, no século XIV, e de Iom Tov Ischbili (Ritva) e Nissin Gerondi (Ran) em Barcelona, no século XIV.

As duas primeiras posições veem a controvérsia de modo basicamente negativo: melhor seria que ela não existisse, em especial no campo da *Halakhá*. A terceira posição vê a controvérsia como parte da natureza da revelação. A posição hescheliana é claramente mais próxima da posição constitutiva. Para Heschel, a experiência religiosa se apresenta de forma dialética porque os seres humanos vivenciam a realidade dialeticamente.

Ainda que a posição hescheliana possa ser ancorada na tradição, vê-se que a valorização do debate não é unânime entre os comentaristas, através dos séculos. Na Modernidade, particularmente entre os pensadores ortodoxos, a noção de controvérsia tem sido constantemente desvalorizada e atacada. Michael Rosensweig assume uma posição intermediária, segundo a qual a controvérsia é negativa em matéria de *Halakhá*, mas é, no mínimo, neutra no terreno da *Agadá*. Após criticar o possível uso das passagens de *Haguigá* 3b e *Eruvim* 13b pelos movimentos judaicos não ortodoxos como justificação do pluralismo religioso, Michael Rosensweig afirma ser o sentido dessas passagens ambíguo em termos de sua real implicação[12].

12. *Elu va-Elu Divre Elokim Hayyim*, p. 2.

Zvi Lampel, outro autor ortodoxo contemporâneo, assume uma posição mais claramente contrária à dialética teológica. Diante das mesmas passagens, ele afirma que o seu sentido não é aquele que pode parecer à primeira vista. Lampel busca sustentar sua posição citando vários comentaristas que, através dos tempos, teriam relativizado e diminuído seu escopo. Observem-se algumas interpretações que Lampel cita para a frase "estas e aquelas são as palavras do Deus Vivo"[13]:

1. Segundo Rav Isroel Salanter (Lituânia, séc. XIX), todas as tentativas de reconstruir aquilo que Deus teria dito a Moisés são chamadas de *Torá*, mesmo aquelas que no final são rejeitadas como *Halakhá*. Heschel cita um comentário de teor semelhante a esse de Rav Salanter. É o comentário de Rav Salomon Parhon (Israel e Itália, séc. XVIII), segundo o qual a frase *eilu vaeilu divrei elohim haim* é elíptica e deveria ser entendida como "estas e aquelas (buscam, investigam) as palavras do Deus Vivo". Apesar de apenas um lado ter razão, os diferentes sábios continuam a buscá-la, ainda que apenas uma opinião se mostre correta.
2. Segundo a obra *Or Guedaliahu*, há uma única revelação que produz resultados diferentes em diferentes circunstâncias. Assim, a frase afirma que "estas e aquelas são as palavras do Deus Vivo" em diferentes situações, mas nunca as duas ao mesmo tempo e na mesma situação.
3. Segundo os comentaristas medievais agrupados nas *Tossafot* (França e Alemanha, sécs. XII a XIV), há elementos da verdade nas diferentes posições de um debate, no entanto, um dos lados se revela dominante e os outros, recessivos. Somente um dos lados contém a essência da tradição e os outros a contém, de maneira lacunosa.

Como se pode ver, essas três opiniões citadas por Lampel restringem muito o escopo da frase "estas e aquelas são as palavras do Deus Vivo", e elas estão em conformidade com a posição de Lampel de que duas opiniões não podem igualmente estar corretas ao mesmo tempo. Esses autores não são citados por Heschel em TMH, apesar de ele citar opiniões contrárias à sua

13. *The Dynamics of Dispute*, p. 224-225.

posição. Dois comentaristas tradicionais importantes citados por Heschel e Lampel, contudo, merecem ter seus comentários examinados com mais atenção. O primeiro deles é Raschi (séc. XI) e segundo o Maharal de Praga (séc. XVI).

No comentário de Raschi em *Ketubot* 57a, lê-se:

כי פליגי תרי אמוראי בדין או באיסור והיתר כל חד אמר הכי מיסתבר טעמא אין כאן שקר כל חד וחד סברא דידיה קאמר מר יהיב טעמא להיתירא ומר יהיב טעמא לאיסורא ...ואיכא למימר אלו ואלו דברי אלהים חיים הם זימנין דשייך האי טעמא וזימנין דשייך האי טעמא שהטעם מתהפך לפי שינוי הדברים בשינוי מועט.

Quando dois *amoraim* disputam entre si sobre casos de *Halakhá* ou de proibições e permissões, cada um apresentando sua argumentação, não há aqui falsidade. Cada um apresenta sua própria argumentação, um argumenta pela permissão e o outro pela proibição [...] e assim pode-se dizer que "estas e aquelas são as palavras do Deus Vivo". Pois há momentos em que um argumento se aplica e há momentos em que o outro argumento se aplica.

Segundo o entendimento de Heschel sobre esse comentário de Raschi, é a dinâmica da realidade que faz com que a tendência penda para um lado ou para o outro, de modo que as opiniões contrárias, mesmo quando pesem menos em uma dada situação, nunca chegam a ser falsas, pois a mudança de direção vetorial das situações da vida e, portanto, da experiência religiosa, é algo constante[14]. Por outro lado, o entendimento de Lampel[15], da mesma passagem, sublinha a afirmação de Raschi – "Pois há momentos em que um argumento se aplica e há momentos em que o outro argumento se aplica" –, entendendo que as duas posições não podem ser verdadeiras ao mesmo tempo; quando uma é verdadeira, a outra é falsa. A preocupação de Raschi está mais voltada para a dinâmica constante, e a de Lampel, para a restrição à preservação da noção da unicidade da verdade. O que Lampel não parece levar em conta é que, mesmo no comentário de Raschi, as "palavras do Deus Vivo" se apresentam mutáveis, variando conforme

14. TMH, v. III, p. 85.
15. *The Dynamics of Dispute*, p. 223-225.

o momento, o que já abre a possibilidade para a multiplicidade e a polissemia em termos de pensamento religioso.

O comentário do Maharal de Praga é ainda mais surpreendente:

> Quando o Santo Bendito seja Ele deu a *Torá* para Israel, cada assunto da *Torá* foi dado com um aspecto de inocência e um aspecto de culpa [...] há sempre aspectos opostos. Assim como no mundo em geral cada coisa é composta de aspectos opostos [....] e você não encontrará nenhuma substância completamente simples, assim também na *Torá*. Não há nada que seja completamente impuro que não possua alguma faceta de pureza, apesar de ter uma faceta de impureza também. Quando alguém examina algo do ponto de vista de sua pureza e aplica seu intelecto para isso, lhe é revelado esse aspecto [...] e quando alguém busca o aspecto de impureza lhe é revelado esse aspecto [...] O Senhor, Mestre de tudo, é a fonte deste mundo complexo que inclui combinações de oposições [...] Assim são as diferenças entre Hilel e Schamai[16].

Tanto Heschel quanto Lampel entendem que a opinião do Maharal de Praga incorpora positivamente a coexistência de oposições tanto na realidade quanto na *Torá*; nenhuma é recessivo ou dominante, pois a realidade é ela mesma complexa e as coisas são formadas de aspectos antitéticos. Heschel entende a opinião do Maharal de Praga como generalizada para todas as discussões entre os sábios, como, por exemplo, as diferenças entre Hilel e Schamai, enquanto Lampel a restringe apenas para alguns casos, como as diferenças entre Hilel e Schamai... A mesma controvérsia é interpretada de modo oposto.

É interessante que também outros dois pensadores ortodoxos contemporâneos, Nathan Lopes Cardozo e Alexandre Safran (nascido na Romênia, em 1910) apresentem pontos de vista muito próximos ao de Heschel. Isso demonstra que a tradição interpretativa e o ponto de vista hescheliano em prol de uma dialética teológica, na Modernidade, não encontrou eco apenas entre autores *massorti*/conservativos e os liberais, como geralmente se pensa.

Lopes Cardozo cita a *Mischná Avot* 5:17:

16. TMH, v. III, p. 84-85.

כל מחלוקת שהיא לשם שמים סופה להתקיים ושאינה לשם שמים אין סופה להתקיים איזו היא מחלוקת שהוא לשם שמים זו מחלוקת הלל ושמאי ושאינה לשם שמים זו מחלוקת קרח וכל עדתו:

Toda controvérsia que for em nome do Céu perdurará, enquanto aquelas que não forem em nome do Céu não perdurarão. Qual é a controvérsia que é em nome do Céu? É aquela como a de Hilel e Schamai. E qual é aquela que não é em nome do Céu? É aquela como a de Korá e seu grupo.

Segundo Lopes Cardozo:

O dinamismo da *Torá* permite que dois ou mais pontos de vista opostos sejam corretos ao mesmo tempo. Apesar de a prática demandar que nós estabeleçamos a lei de acordo com uma opinião, ainda assim é possível manter que aqueles diferentes pontos de vista sejam verdadeiros[17].

Na formulação de seu ponto de vista, Lopes Cardozo cita o Maharal de Praga para quem nenhuma opinião no debate tradicional é realmente incorreta. É claro que a passagem faz uma diferença entre controvérsias em nome do Céu, baseadas no debate de ideias por grupos que mutuamente se reconhecem e a controvérsia de Korá, que, no jargão rabínico, denota uma disputa sectária que visa o poder, travestida de debate religioso. Heschel lê essa afirmação de *Avot* 5:17 como significando que aquelas disputas oriundas da experiência religiosa profunda dentro de uma tradição são as que trazem uma dinâmica vital para essa mesma tradição. Ambos, Heschel e Cardozo, citam o Rav Meir Gabai (Turquia, séc. XVI), segundo o qual as "palavras do Deus Vivo" são como um rio originado de uma única fonte que se ramifica em diversos afluentes, cada qual com sua característica própria, e que terminam por fluir para o mesmo mar. A dialética teológica apresenta-se no desenrolar das diversas opiniões oriundas de uma mesma tradição e de uma mesma experiência religiosa que se ramifica enquanto as águas do rio e da bacia hidrográfica andam para a frente. É da perspectiva fenomenológica humana que a realidade se apresente dialética, não necessariamente da perspectiva do *numem* (poder divino, divindade).

17. *The Written And Oral Torah*, p. 118.

Interessante como, ao longo da tradição rabínica, a maioria dos comentaristas tradicionais e autores modernos que incorporaram a dialética teológica em seu sistema de ideias tenha sido influenciada pela mística judaica. Dentre eles, Abraham J. Heschel e Alexandre Safran afirmam que a experiência da realidade como sendo dialética não é uma característica da realidade em si, mas do modo como o ser humano experimenta tanto o mundo quanto o encontro com o Sagrado. Segundo Safran, é a mente humana que transforma a oposição ativa e viva que ela observa na natureza e em si mesmo em uma contradição. Essa disparidade, mais do que fora, estaria localizada no interior do ser humano. Nas palavras de Safran, "Essa visão paradoxal do mundo é possibilitada pela imaginação, uma faculdade que o Criador concedeu ao homem juntamente com a razão"[18]. A dialética entre *higaion* e *hazon*, entre razão e imaginação (ou mística), nas palavras de Heschel e Safran, são oriundas dessa percepção, comum a ambos, de que a razão é necessária, porém limitada. Heschel filia seu pensamento àquelas correntes da tradição judaica que buscaram integrar a razão com a sensibilidade imaginativa e o senso do mistério. Essa é uma chave muito importante para compreender a obra hescheliana e que, segundo Sol Tanenzapf, foi muitas vezes mal interpretada por seus críticos: "Heschel não é um irracionalista, ele não despreza a razão humana como tal, mas ele sim rejeita o racionalismo, porque sua tendência geral está em desacordo com a visão bíblica da realidade"[19]. Aquilo que Tanenzapf chama de visão bíblica da realidade é a posição filosófica e da experiência religiosa formulada por Heschel em obras como *The Prophets*, *O Homem Não Está Só* e *Deus em Busca do Homem*, onde o autor se volta para os profetas bíblicos como inspiração para a renovação da busca religiosa do homem moderno. No entanto, é possível perceber na pesquisa de TMH que a visão religiosa de Heschel não é apenas de inspiração bíblica, mas também rabínica.

18. *A Cabalá*, p. 246.
19. *Heschel and His Critics*, p. 277.

DIALÉTICA DA REALIDADE EM HESCHEL

Heschel afirma claramente uma visão dialética da realidade. Ele sustenta que a dialética no pensamento é paralela à dialética na experiência com a realidade. Sobre o processo de pensar, defende que "o pensamento não se desenvolve, senão pelo caminho da dialética: por meio de pares de conceitos que se contradizem um ao outro e que também completam um ao outro"[20]. Para Heschel, o processo dialético no pensamento é o que torna possível superar e ir além do raciocínio simplório (senso comum) cuja tendência é a parcialidade. A parcialidade só é superada quando se leva em conta o lado oposto. "A faca é afiada por meio de outra"[21]. O *pilpul* é para Heschel um método de afiar o pensamento, que busca uma síntese para entender as situações para além da camisa de força dos conceitos rígidos.

É interessante que Heschel use em hebraico a palavra "dialética", pois esse termo de origem grega é mais preciso do que os termos hebraicos que poderiam ser usados no seu lugar. De fato, não há um único termo hebraico que possa ser traduzido simplesmente por dialética, apesar de terem se desenvolvido no pensamento rabínico vários métodos e submétodos de pensamento dialético. Algo análogo ao que ocorre com a palavra "tradição"; para dizer "tradição" em hebraico pode-se usar a palavra *massoret*, que significa "transmissão" e *cabala*, que significa "recebimento". Ambas as palavras captam diferentes aspectos do que se entende por tradição. Da mesma forma que, durante muito tempo, não existiu no hebraico uma palavra para dizer "religião". Não há termo hebraico ou aramaico em todo o texto bíblico equivalente à palavra "religião". A palavra hebraica (*dat*) só é usada no sentido comum de "religião" num contexto muito tardio. No texto talmúdico, as expressões דת משה (*dat moschê*) ou כדת משה ויהודאי (*kedat moschê ve-iehudaei*), que ocorrem no *Talmud Babilônico* e no *Talmud de Jerusalém*, são traduzidas respectivamente como "a lei de Moisés" e "conforme a lei de Moisés e dos judeus", significando o conjunto dos mandamentos da *Torá* e são uma referência à *Halakhá*, o sistema legal judaico derivado da *Torá*. Foi só no século XIX que a palavra *dat*, דת, adquiriu o sentido específico de

20. TMH, v. III, p. 88.
21. Idem, ibidem.

"religião". Para descrever a noção de dialética, a literatura rabínica usou termos como *pilpul*, quando se refere a um método dialético de pensar, ou *makhloket*, quando se refere ao debate de posições ou então pares de conceitos, quando se refere aos aspectos da realidade tratada. Para deixar clara sua conclusão, Heschel então usa um termo mais preciso e mais conhecido no Ocidente. Isso é algo que ele nem sempre fez ao longo de sua obra, preferindo usar pares de conceitos para formular seu pensamento.

Assim pode-se compreender melhor a afirmação do filósofo norte-americano Neil Gillman, segundo a qual Heschel diferencia dois modos de pensar: o pensamento conceitual, não dialético, e o pensamento situacional dialético[22]. O pensamento conceitual é um movimento da razão mecânica que busca conhecer objetivamente e conceituar sem contradição. O pensamento situacional, por outro lado, significa o completo envolvimento com a experiência da realidade vivida, que é, ela mesma, contraditória. O objeto da experiência não se separa do sujeito da experiência, se o sujeito traz a contradição em si, a experiência também será contraditória. No lugar do conceito rígido, surge o debate sobre uma situação que gera noções fluidas. Desse modo, ao lado da razão, a vivência e o *insight* em todas as suas dimensões opostas e dinâmicas são também fontes de conhecimento. Para Heschel, o pensador conceitual deve ter uma atitude de imparcialidade e distanciamento, já o pensador situacional hescheliano deve ter uma atitude de concernência engajada na dinâmica da experiência. Essa atitude é a tomada de posição. Heschel aponta para aquilo que Robert Kurz chama de razão sensível e humilde[23].Esse engajamento é o caminho que leva à dialética da realidade em Heschel. Para ele, o pensamento dialético é correlato à dialética do real. A realidade é múltipla, tencionada pelas antíteses, mas ao mesmo tempo única.

Há em toda compreensão do mundo análise e síntese, revelação e mistério, movimento e pausa. Mesmo a essência da realidade é ida e volta, existência e não existência, sim e não num único *folder*. O segredo da realidade é os dois princípios tornarem-se um[24].

22. *Epistemological Tensions in Heschel's Thought*, p. 78-79.
23. *O Colapso da Modernização*, p. 232.
24. TMH, v. III, p. 88.

Há aqui claramente uma metafísica religiosa calcada na fenomenologia da vivência complexa e ao mesmo tempo uma recusa à fragmentação. Heschel retira da física moderna uma imagem da dialética da realidade: as teorias sobre a natureza da luz: "A luz é um único fenômeno que se apresenta através de dois recipientes [formas] diferentes"[25]. A referência é relativa ao conceito retirado da física moderna, segundo a qual a luz é, ao mesmo tempo, partícula e onda, fóton e onda eletromagnética. Além da unidade na contradição, essa imagem da luz traz consigo a noção da dinâmica. Diante de tal realidade, as ideias devem ter duas faces. Interessante que Lopes Cardozo também faça uso do mesmo exemplo da luz como onda e partícula em sua argumentação em prol da dialética e da unidade dos contrários: "Podemos ver a luz como onda ou partícula, apesar de que esses conceitos sejam contraditórios. De modo similar os argumentos no *Talmud* são simultaneamente verdadeiros"[26]. O paradoxo aponta para os limites da razão. Para Heschel, "a razão formal está para a realidade assim como um anão está para um gigante"[27]. Os caminhos do pensamento são assim dois: o caminho da imaginação intuitiva חזון (*hazon*) e o caminho racional e do juízo סברא (*sevará*).

De acordo com Heschel, "tal como a realidade assim é a *Torá*"[28]. É porque, para ele, a realidade é vista como dialética e a experiência religiosa o é igualmente, encarado dessa forma. De certo modo, a abordagem dialética é o modo de Heschel sair da jaula kantiana em que o pensamento ocidental foi colocado desde o final do século XVIII. Os dois caminhos de abordagem da realidade, o caminho da razão e o caminho da mística, são também vistos como modos complementares na experiência religiosa. A via do coração é complementada pela via da razão. Mas essas duas vias ou perspectivas se complementam para formar uma visão única? Em outras palavras, como para Heschel, essas duas perspectivas formam uma síntese da realidade da experiência religiosa?

25. Idem, ibidem.
26. *The Written and the Oral Law*, p. 122.
27. TMH, v. III, p. 90.
28. Idem, p. 88.

EXPERIÊNCIA RELIGIOSA E PARALAXE

O estilo retórico utilizado muitas vezes por Heschel consiste em empregar expressões do jargão rabínico ou alguma passagem da literatura rabínica "poeticamente", para formar uma imagem-exemplo. Em muitos casos, ele usa uma discussão halákhica, que é transformada em *Agadá*. Uma discussão sobre a lei é empregada metaforicamente, como exemplo teológico. Como as expressões jurídicas são muito conhecidas nos círculos rabínicos, sua transformação do sentido denotativo legal para o conotativo teológico tem a um só tempo certo sabor de surpresa, mas também de exemplo facilmente captado pelo leitor familiarizado com esse recurso literário. Uma das passagens mais contundentes em que ele aplica esse recurso encontra-se em *Haguigá* 2b. Heschel utiliza-se dessa passagem para fornecer um exemplo-imagem da síntese entre as duas perspectivas, a racional e a mística, no pensamento rabínico, buscando justificar como ambas podem ser ao mesmo tempo opostas e complementares. Ao fazê-lo, Heschel também aponta para o que ele entende como síntese de seu método dialético.

O tratado de *Haguigá* começa discutindo a lista daqueles que estão isentos da peregrinação a Jerusalém por ocasião das festas de Pessakh, Schavuot e Sukot. Segundo a *Mischná*, todos os homens adultos saudáveis devem fazer a peregrinação, porém são listados entre os isentos o surdo, o demente, o menor de idade, o hermafrodita, o servo não alforriado, a mulher, o coxo, o cego, o doente, o velho, entre outros. No entanto, na discussão da *Guemará*[29], outro tipo é acrescentado na lista, o cego de um olho:

לאתויי סומא באחת מעיניו. ודלא כי האי תנא. דתניא, יוחנן בן דהבאי אומר משום רבי יהודה: סומא באחת מעיניו פטור מן הראייה, שנאמר +שמות כ"ג+ יראה יראה – כדרך שבא לראות כך בא ליראות, מה לראות בשתי עיניו - אף ליראות בשתי עיניו.

De modo a incluir [na lista de isenções] o cego de um olho. E não é assim que é ensinado. Pois aprendemos [de uma baeraita]: Iohanan ben Dehabai ensina em nome de rabi Iehudá: O cego de um olho só está isento da peregrinação [de "aparecer" ou "ser visto" no Templo de

29. A parte do *Talmud* que discute a *Mischná*.

Jerusalém], pois está escrito: "aparecerão [diante do Senhor YHWH]" (*Ex* 23, 17). Assim como ele veio ser visto da mesma forma veio ver. Tal como ele é visto com os dois olhos [de Deus] da mesma forma deve [ser capaz] de ver com seus dois olhos[30].

Por que o cego de um olho estaria isento, se ele é saudável? A resposta talmúdica encontra-se no versículo-fonte da *mitzvá* (do mandamento) da peregrinação. Em *Êxodo* 23, 17, a peregrinação é descrita como "aparecer" ou "ser visto" perante Deus no Templo. Assim, pois, se o cego de um olho não pode ver o Templo com sua visão completa, ele está isento da peregrinação.

O uso conotativo que Heschel faz dessa passagem amplia seu sentido de passagem jurídica para o campo da *Agadá*. Como afirma Tucker[31], "Heschel tem uma outra peregrinação em mente: a própria busca religiosa. O desejo de estar na presença de Deus". Nessa busca, um olho é o da razão o outro o do coração (o místico). Aquele que é espiritualmente cego de um olho, que só consegue ter a experiência religiosa por meio da perspectiva da razão ou da perspectiva da mística, não consegue viver a experiência religiosa na profundidade necessária para estar na presença do Deus Vivo. Tendo apenas a visão parcial, ele não consegue fazer a necessária paralaxe, isto é, sintetizar os dois pontos de vista em uma visão tridimensional.

O que Heschel quer afirmar com esse exemplo é que a busca religiosa profunda depende da capacidade da pessoa de poder "mudar o ângulo de visão de tempos em tempos para ter uma visão completa da realidade"[32]. A dialética teológica hescheliana encontra a unidade dos contrários na paralaxe da visão que permite, segundo o pensador, perceber a experiência religiosa não apenas na síntese dos contrários, mas também com uma dimensão a mais do que seria possível com uma visão parcial, passando de duas para três dimensões, o que traz consigo a noção de profundidade.

Eis aqui, certamente, um poderoso argumento contra o fundamentalismo e o unilateralismo no campo da religião. O modelo de abordagem de rabi Akiva e de rabi Ischmael representa

30. *Haguigá* 2b.
31. *Heavenly Torah*, p. 708.
32. TMH, v. III, p. 89.

perspectivas importantes, ainda que parciais, da experiência religiosa. Assim, suas teologias deixadas sozinhas são necessariamente lacunosas. Ambas representam para Heschel algo da verdade, quando se baseiam em experiências profundas, mas sem entrar em debate elas dão apenas um panorama simplificado e sem perspectiva da experiência religiosa judaica. Quando a *Agadá* preserva esse dois pontos de vista, apresenta o caminho para a dialética entre as duas correntezas da experiência e do pensamento religioso. Cada ponto de vista religioso, ao ser afirmado, tem algo da "visão de Deus", é calcado em algum aspecto da experiência religiosa, mas é ao mesmo tempo parcial. É necessária a paralaxe, a triangulação a partir de dois pontos de vista diferentes, para desse modo perceber o Sagrado que, de outra forma, seria distorcido, perdendo profundidade. Essa ideia traz em si um princípio de humildade teológica pois, para ela, em si mesmo nenhum ponto de vista religioso dentro de uma dada tradição é completo.

Mas como os caolhos, isto é, a enorme maioria daqueles que fazem a busca religiosa, poderiam fazer para poder peregrinar? O *Talmud* relata um conto sobre um coxo e um cego que se associaram para roubar frutas. Juntos eles eram como uma pessoa só. Para aqueles que são cegos de um olho, talvez o caminho para a busca religiosa seja dialogar e debater com aquele que tem o ponto de vista oposto, para assim poder formar, juntos, uma imagem melhor. Para Heschel, o Sagrado, aquilo que vai além das dimensões da existência vulgar, é sempre paradoxal para aquele que o busca. Somente fazendo a paralaxe é possível imaginar o sentido oriundo da sombra que ele projeta na vivência. Heschel, que nesse ponto segue o pensamento hassídico, entende que Deus é encontrado na imanência e na transcendência.

DIALÉTICA TEOLÓGICA E HASSIDISMO EM HESCHEL

Tendo estudado desde a infância no ambiente das academias rabínicas polonesas, Heschel travou contato com os métodos do *pilpul* desde muito cedo. Esse método tinha alargado seu escopo e passara a ser usado não apenas no estudo da *Halakhá*, mas também da *Agadá* e mesmo no estudo do misticismo. É possível, portanto, entender como o filósofo teria aprendido o modo dialético de pensar. O próprio Heschel escreve sobre sua experiência religiosa mais primária e mais profunda como sendo ela mesma resultado de uma tensão tão forte que lhe penetrou a alma de modo a deixar sua marca pelo resto da vida do pensador. Essa experiência religiosa primária foi encontrada no seio do próprio hassidismo, o berço espiritual de Heschel.

O movimento hassídico inicia-se na primeira metade do século XVIII, na Europa Central, quando o personagem lendário Israel ben Eliezer, o Baal Schem Tov (o Mestre do Bom Nome), que na época pregava e fazia curas de aldeia em aldeia, juntou um grupo de discípulos em torno de um novo movimento religioso. Esse novo movimento, o hassidismo (*hassidut*, em hebraico) tinha como um de seus aspectos centrais uma técnica espiritual que visava possibilitar a liberação das vicissitudes deste mundo por meio da união mística (*devekut*) com Deus. O ensinamento central do Baal Schem Tov é que Deus, com Suas centelhas Divinas, encontra-se muito próximo do ser humano e que este é capaz de desprender-se deste mundo material e unir-se ao Divino no *daven*, a oração meditativa. O objetivo do *daven* é possibilitar que o indivíduo possa atingir a experiência de unidade com a Divindade[33].

O hassidismo promoveu no judaísmo da Europa Central e Oriental um novo tipo de líder e exemplo espiritual, o *tzadik*, o místico piedoso, ponte entre Deus e os homens, em oposição ao intelectual talmúdico, o rabino. O *tzadik* é alguém que está, totalmente, envolvido pela Presença Divina, alcançada na prática da oração meditativa. A oração meditativa não inclui apenas as longas recitações comuns às orações judaicas, mas também o canto repetido de peças melódicas, o *nigun*, e a dança que busca o êxtase. Além disso, o hassidismo promoveu uma radical reorganização da vida comunitária judaica com base na ideia de um misticismo para a pessoa comum. As diversas cortes e comunidades hassídicas espalharam-se pelo mundo

33. Ver A. Leone, A Oração como Experiência Mística em Abraham J. Heschel, em D. Incontri, *Educação e Espiritualidade*.

judaico da Europa Oriental de modo a deixar marcas profundas na cultura judaica asquenazita.

Heschel, que nasceu em Varsóvia, na Polônia, em 1907, era como que um príncipe dentro do hassidismo. Ele era descendente, tanto pelo lado paterno quanto pelo materno, de longas linhagens de *tzadikim* que foram, desde o século XVIII, a liderança central do hassidismo[34]. Seu pai foi um *rebe*, título dado aos líderes espirituais hassídicos. Entre seus ancestrais poderiam ser citados o Dov Beer Friedman, "o Pregador" (Maguid) de Mezeritch, (séc. XVIII), mais conhecido como "o Grande Maguid", que foi o mais famoso discípulo direto do Baal Schem Tov. Outro famoso antepassado de Heschel foi o *rebe* Abraham Joshua Heschel de Apt (séc. XVIII e XIX), o Apt *Rebe*, de quem Heschel herdou o nome, como era costume entre as dinastias hassídicas. Pelo lado materno, estão entre seus mais famosos antepassados o *rebe* Pinkhas de Koretz (séc. XVIII) e o *rebe* Levi Itzhak de Berditchev, o Compassivo (séc. XVIII).

Heschel cresceu em um ambiente religioso de pietismo místico, como era o existente nas comunidades hassídicas da Europa Oriental, na primeira metade do século XX. Até então, a comunidade tradicional judaica ainda se encontrava em grande parte pouco influenciada pela Modernidade, que tardiamente chegava a esse meio tão fechado dentro do mundo judeu asquenazita. Lá, ainda predominavam as formas tradicionais de estudo da *Torá*, recheadas de lendas acerca de grandes rabinos e mestres do passado, onde a oração meditativa, o *daven*, era largamente praticada. Para os *hassidim*, cada ação humana era imbuída de um sentido cósmico e divino, sendo os seres veículos da manifestação de Deus. Heschel é reconhecido como um dos grandes *scholars* do hassidismo perante as academias ocidentais, como afirma Samuel H. Dresner em seu texto "Heschel as a Hasidic Scholar", prefácio a quatro ensaios de Heschel sobre rabinos hassídicos, publicado em 1985, sob o título *The Circle of Baal Shem Tov- Studies in Hassidism*.

Dentro desse ambiente, mestres do hassidismo de características opostas são reconhecidos por Heschel como os que mais o influenciaram: o Baal Schem Tov, que no século XVIII fundou o movimento,

34. *A Passion for Truth*, p. XIII-XVI.

e Menahem Mendel de Kotzk, um dos mais importantes líderes hassídicos do século XIX. O próprio Heschel, em uma de suas últimas obras, *A Passion for Truth* (1973), publicada postumamente, descreve em termos profundamente pessoais esses dois rabinos como representantes de dois extremos da concepção hassídica de mundo: "Eu nasci em Varsóvia, Polônia, mas o meu berço ficava em Mezbizh (uma cidadezinha na província de Podolia, Ucrânia), onde o Baal Schem Tov, fundador do movimento hassídico, viveu durante os últimos trinta anos de sua vida. Era de lá que meu pai provinha [...] Encantado com um tesouro de tradições e contos, eu me sentia completamente em casa em Mezbizh. Aquela pequena cidade tão distante de Varsóvia e, no entanto, tão próxima, era o lugar no qual minha imaginação infantil viajava em muitas jornadas. A primeira fascinação de que me lembro é associada com o Baal Schem, cujas parábolas abriram alguns dos primeiros *insights* que eu tive na infância. Ele continuou como um modelo por demais sublime para ser seguido e, no entanto, grande demais para ser ignorado [...] Foi quando tinha nove anos que a presença do Reb Menahem Mendel de Kotzk, conhecido como o Kotzker, entrou na minha vida. Desde então, ele tem permanecido como uma companhia regular e um desafio que me assombra [...] Anos mais tarde eu entendi que, ao ser guiado pelos dois, eu permiti que duas forças mantivessem uma luta dentro de mim [...] De um modo muito estranho, eu encontrei minha alma em casa com o Bal Schem, porém guiada pelo Kotzker [...] Eu não tinha escolha: meu coração estava em Mezbizh, minha mente em Kotzk[35].

Alexander Even-Hen, usando as palavras do próprio Heschel, reconhece nessa tensão a luta interior travada na alma do filósofo. Para Heschel, por um lado, o hassidismo se manifestava como misericórdia, compassiva e alegre; por outro lado, manifestava-se como sede de justiça, indignada com o sofrimento e ansiosa pela redenção da condição humana sofredora. No polo da compaixão mística, estaria o Baal Schem Tov, reconhecendo a Presença Divina, a Schekhiná, em todos os seres, eventos e processos da criação. No polo da justiça severa e da razão, o *Rebe* de Kotzk indignado frente ao pecado e à corrupção, sentindo a dor do mundo e a insuficiência da condição humana. Heschel chega a comparar o sentimento do Kotzker ao de Kierkegaard. A dor indignada gerava em Kotzker a convocação à tarefa do *tikun olam*, a redenção cósmica: "O

35. *The Circle of Baal Shem Tov*, p. XV.

Baal Schem residia na minha vida como uma lâmpada, enquanto o Kotzker, como um relâmpago"[36]. Ambos iluminam, mas a luz da lâmpada é reconfortante e cálida, enquanto a luz do relâmpago é assustadora e súbita. Uma traz conforto, a outra deixa desconfortável. Heschel escreve aqui sobre os dois aspectos de sua experiência religiosa pessoal mais íntima e a impossibilidade de viver sem essa tensão, escolhendo um ou outro lado. Como homem religioso, o filósofo aprende, assim, a conviver com ambos os aspectos antitéticos da religiosidade. Ele os chama de seus dois mestres.

Em outra passagem, Heschel descreve o conteúdo dos ensinamentos do Baal Schem Tov e do Kotzker em termos de uma dialética teológica no próprio hassidismo:

> Quando prestamos atenção ao Baal Schem, nós escutamos palavras saindo sem premeditação de um coração transbordante, assim como as cordas da harpa que pendia sobre a cama de David. Ele inspirava alegria, o Kotzker, contrição. O primeiro começava com graça, o segundo com indignação. Uma luz aquecia em Mezbizh, um fogo ordenava em Kotzk... O Kotzker era como o *Eclesiastes* de seu tempo. Ele também viu "debaixo do sol que no lugar do juízo havia impiedade, e no lugar da justiça havia iniquidade" (*Ecl* 3, 16) [...] O Baal Schem Tov era o *Cântico dos Cânticos* de seu tempo, intoxicado pelo amor de Deus o qual "as muitas águas não podem apagar [...], nem os rios afogá-lo; ainda que alguém desse todos os bens de sua casa pelo amor, certamente o desprezariam" (*Ct* 8, 7)[37].

Segundo Even-Hen, o *Rebe* de Kotzk foi apontado por Heschel como o primeiro mestre dentro do hassidismo que questionou a espiritualidade cálida do Baal Schem Tov. De acordo com o entender de Heschel, a fonte primária desse ponto de vista é o sentimento da proximidade de Deus, comum a toda a mística judaica. Esse ponto de vista está em forte oposição ao do Kotzker, que sublinhava a enorme distância entre a Terra e o Céu. Segundo as palavras do próprio Heschel, o rebe de Kotzk não era um místico[38]. O caminho do Kotzker apresentava-se como um hassidismo voltado para uma razão construída pela santidade ética.

36. *A Passion for Truth*, p. xv.
37. Idem, p. 15.
38. Idem, p. 26.

Conforme o próprio Heschel testemunha, a dialética teológica, antes de ser formulada intelectualmente, tem raízes na vivência religiosa que moldou sua alma, pois ali existe em Heschel, por um lado, o sentimento da presença e proximidade de Deus e, por outro, há momentos em que ele sente a enorme distância entre Deus e o ser humano. Nos seus próprios termos usados, há momentos em que ele é um místico, e assim ele foi percebido por muitos em seu tempo, e há outros momentos em que ele não é um místico. É na busca de superar essa tensão constante no âmago da experiência religiosa que nasce sua dialética teológica.

DIALÉTICA TEOLÓGICA E TEOLOGIA PROFUNDA

Diante da exposição do pensamento hescheliano feita até aqui neste estudo faz-se necessário questionar agora a relação entre a dialética teológica rabínica apresentada por Heschel e um dos conceitos centrais de sua filosofia da religião e de sua filosofia do judaísmo: o conceito de "teologia profunda".

Ao longo de sua obra, Heschel se refere à sua reflexão como sendo uma filosofia da religião, uma filosofia do judaísmo ou uma teologia profunda. Como sugere Merkle[39], o último dos três conceitos funciona como um sinônimo para os outros dois, na medida em que eles significam a empreitada no sentido de uma autocompreensão da religião e, mais particularmente, de uma autocompreensão do judaísmo do ponto de vista da experiência do homem de fé.

O conceito de teologia profunda está fortemente vinculado à linguagem e à posição hescheliana de matriz fenomenológica e experimentalista. Nesse sentido, sua reflexão repousa na descrição fenomenológica da experiência religiosa. Sendo um fenomenólogo religioso, grande parte de seu pensamento é consagrada a uma descrição bastante sensível da experiência religiosa, naqueles momentos em que a disposição de arrebatamento radical por parte do sujeito da experiência reage à

39. *The Genesis of Faith*, p. 45.

dimensão sagrada da realidade. Como bem afirma Gillman[40], Heschel busca escrever a partir do interior mesmo da experiência religiosa, a partir de uma situação a que dá o nome de pré-teológica. Essa é a perspectiva da teologia profunda.

Heschel denomina seu método de "teologia profunda" para distingui-la da teologia tal como ela foi concebida no Ocidente: a teologia ocidental que é denominada criticamente por Heidegger e Lévinas de ontoteologia. Heschel, nesse sentido, buscou ir além da ontoteologia. Para ele[41], a teologia clássica lida apenas com o conteúdo da crença, enquanto a teologia profunda lida com o ato da fé, assim como com as experiências que precedem e nutrem a fé, pois, segundo Heschel, as "ideias a respeito de fé não devem ser estudadas totalmente separadas dos momentos de fé. Consequentemente, Heschel[42] distingue entre fé e crença: "Fé não é a mesma coisa que crença, não é a mesma coisa como quando encaramos algo como verdadeiro". A crença é uma concordância mental para com uma proposição ou em relação a algum fato alegado e seu critério de verdade é feito com base na autoridade ou na evidência. A fé, porém, é muito mais do que uma atitude da mente. Fé é sensibilidade, entendimento, engajamento e ligação da mente, da vontade e do coração. Desse modo, "fé não é a concordância com uma ideia, mas um consentimento a Deus"[43]. A crença leva ao credo, a fé leva à experiência da presença de Deus.

Da mesma forma que fé e crença se relacionam e se distinguem, teologia e teologia profunda se relacionam e se distinguem. A teologia profunda é concebida, desse modo, como a fonte da teologia clássica, que é apenas sua colheita. Uma, a teologia profunda, finca raízes no solo da experiência religiosa, a outra, a teologia, cresce qual fruto do solo dessa mesma experiência, mas devemos ter em mente que o fruto é passageiro, enquanto as raízes sustentam a vida da planta. A teologia profunda tem para Heschel um objetivo crítico, que é encontrar quais são os questionamentos para os quais a religião é a resposta. Elas devem ser perguntas existenciais que levem

40. *Fragmentos Sagrados*, p. 171.
41. *Deus em Busca do Homem*, p. 21.
42. Idem, p. 200.
43. Idem, p. 171.

a pessoa à busca de Deus e ao questionamento constante e íntimo da experiência que gerou a fé. Só com o questionamento constante pode a pessoa saber se esta é fruto apenas de uma predisposição emocional, cultural e de interesses passageiros ou de algo que envolve sua existência como um todo.

A noção hescheliana de teologia profunda assume que a fé não gera conceitos, mas um despertar intuitivo e experimental para com a presença viva de Deus. A ligação excessiva com conceitos mina a religião autêntica: "Os *insights* da teologia profunda são vagos, eles usualmente carecem de formulação e expressão"[44]. Como lembra Kaplan[45], referindo-se aos perigos do fundamentalismo, Heschel descreveu o dogma como sendo "a participação do homem pobre no divino". O credo é quase tudo o que o sobra ao homem empobrecido espiritualmente. Pele por pele, ele dará sua vida pelo pouco que tem, sim, ele pode até mesmo estar pronto para tirar a vida de outros se eles se recusam a partilhar com ele"[46]. Isso ocorre porque as teologias dividem as pessoas, mas a tarefa da teologia profunda é unir pessoas com diferentes experiências religiosas buscando uma base de diálogo.

É nesse ponto que a dialética teológica rabínica em Heschel se entrelaça com sua proposta de uma teologia profunda. Como escreve Tucker[47] citando Heschel em TMH, a experiência religiosa vivenciada do ponto de vista ético-racionalista compete com a experiência vivenciada do ponto de vista místico esotérico, mas, se um deles é descartado, o outro também sairá perdendo, a totalidade da experiência da fé sai perdedora. Pois, "o cego de um olho só está isento da peregrinação". Somente a paralaxe entre as duas visões pode gerar uma consciência religiosa capaz de fazer uma vital autocrítica constante. A dialética teológica entrelaçada com a teologia profunda é, assim, fonte de argumentos muito fortes em prol de um pluralismo teológico dinâmico.

44. Idem, p. 121.
45. *Spiritual Radical*, p. 202.
46. Idem, ibidem.
47. *Heavenly Torah*, p. XXXI.

7. Dialética Teológica e Humanismo Sagrado em Heschel

UM LIVRO CENTRAL NA OBRA DE HESCHEL

O estudo do aspecto teológico no pensamento de Heschel e em sua filosofia da religião chega a diferentes perspectivas, quer se leve ou não em conta a importância de *Torá min ha-Schamaim be-Aspaklaria schel ha-Dorot* como um dos livros centrais no conjunto de sua obra. Esse livro não é apenas um estudo sobre os debates que animaram a dialética no pensamento judaico ao longo do período talmúdico e medieval, ele é, sobretudo, um texto fundamental para compreensão da dinâmica profunda da filosofia de Heschel. Os primeiros estudiosos e comentaristas de sua obra tenderam, no entanto, a enfatizar o Heschel de *Deus em Busca do Homem*, *O Homem Não Está Só* e *The Prophets*, minimizando a importância de TMH. Surgiu daí uma perspectiva que sublinhava apenas a influência dos profetas bíblicos, como se essa fosse sua única ou mais importante inspiração na tradição judaica. Essa visão tornou-se mais comum entre os estudiosos cristãos de sua obra, para quem o elo mais forte com a tradição judaica é o texto bíblico.

É verdade que já era conhecida a origem hassídica de Heschel e seus vários estudos acadêmicos sobre aquele movimento, mas, nessas obras, o filósofo não chega a fazer uma exposição profunda da dinâmica interna que norteou seu pensamento. Importante ressalva deve ser feita com relação à primeira parte de *A Passion for Truth*, em que Heschel expõe, como já foi visto, de modo emocional e pessoal, sua vinculação com as duas vertentes opostas do hassidismo encarnadas nos dois mestres: o Baal Schem Tov e o *Rebe* de Kotzk. Nessa obra, é possível perceber pistas da tensão interior na experiência religiosa do autor que, certamente, vão embasar a construção da dialética teológica heschelíana. A perspectiva completa de sua dialética teológica, contudo, como modo de pensar baseado numa exaustiva leitura das fontes do judaísmo rabínico, só é possível a partir do estudo de TMH.

Essa dinâmica interior de seu modo de pensar é referida em outra obra central. Bastaria ler *Deus em Busca do Homem*, sua "Suma Teológica"[1], observando que a enorme maioria das suas notas de rodapé cita fontes da literatura rabínica bem mais do que fontes retiradas da *Bíblia*, para perceber a importância dada por Heschel a essa vinculação com a tradição rabínica, na construção de sua narrativa filosófico-teológica. Muitas das fontes rabínicas citadas por ele em notas de rodapé nessa obra são as mesmas usadas em seu *pilpul* da *Agadá* em TMH. Notas de rodapé, no entanto, ainda que mostrem as referências escolhidas por um autor, não são capazes de expor claramente seu pensamento, podem apenas insinuá-lo. Vale a pena lembrar, mais uma vez, que *Deus em Busca do Homem* acaba exatamente no mesmo tema em que TMH começa: a dialética entre *Halakhá* e *Agadá* no judaísmo rabínico.

Sem observar a forte relação entre *Deus em Busca do Homem* e TMH, não é possível vincular teologia profunda e dialética teológica. Fica pouco claro como a teologia profunda busca ultrapassar a estreiteza da teologia sistemática ou da "ontoteologia", nos termos de Heidegger e Lévinas[2]. Olhando para além do credo, em direção à experiência da fé, é que Heschel propõe uma narrativa dialético-teológica que é fruto da experiência religiosa vista na paralaxe da *intersubjetividade* do debate, incorporado como modo de pensar. Tal experiência é, portanto, anterior à teologia.

1. *Spiritual Radical*, p. 166.
2. *Deus, a Morte e o Tempo*, p. 135-9.

Teologias rabínicas diversas são compreendidas como originárias de diferentes perspectivas parciais da experiência religiosa abonadas pela tradição. Por serem abonadas, isto é, estudadas através dos tempos, nas academias rabínicas, elas tornam-se, então, igualmente legítimas. Em outras palavras, Heschel entende como legítimas as polaridades dessa experiência. Os conceitos delas oriundos são, dessa forma, perspectivas parciais dentro da mesma tradição. Isso leva a conceitos fluidos, pois o foco heschelиano não é o conceito em si, mas a situação e a consciência daquele que vive a religião por dentro. No entanto, é precisamente a falta de clareza nos conceitos que deixa desconfortáveis muitos estudiosos da obra hescheliana.

Kaplan, em sua monumental biografia de Heschel, refere diversas vezes o fato de os círculos acadêmicos e intelectuais norte-americanos se ressentirem do estilo de Heschel, que expunha seu pensamento de modo ao mesmo tempo poético e vigoroso, mas aparentemente carente de conceituação rigorosa: "Heschel excedeu-se num estilo repetitivamente musical e fluido, em vez de fazer uma exposição linear e clara"[3]. Esse estilo foi causa de constantes problemas na recepção de sua obra nos EUA, onde viveu a segunda e última parte de sua vida. Gillman também expressa essa mesma frustração ao afirmar que há dois modos de ler a filosofia da religião e a narrativa teológica hescheliana: o primeiro, como um discurso de inspiração, tal como uma *agadá*, para o enriquecimento espiritual que não está voltado para o mundo acadêmico, mas busca o caminho da fé na Modernidade. O segundo, com o aparato crítico acadêmico e, nesse caso, é justamente essa fluidez de conceitos que tornariam seu pensamento pouco sistematizável[4]. Recentemente, essa mesma perplexidade foi expressa por Lawrence Perlman, outro comentarista de sua obra. Perlman afirma que teria preferido que Heschel houvesse exposto sua filosofia da religião de modo sistemático, nos moldes de pensadores modernos como Paul Tillich ou Karl Barth, ou, ainda, como Tomás de Aquino fez na Idade

3. *Spiritual Radical*, p. 101.
4. *Epistemological Tensions in Heschel's Thought*, p. 77-78.

Média[5]. Essa dificuldade levou muitos, em seu tempo, a tomar sua perspectiva como a de um místico que dominou o aparato filosófico acadêmico[6].

Outra dificuldade na recepção da filosofia da religião heescheliana foi expressa por Kaplan como sendo "sua tendência de exagerar as oposições"[7]. Diante de tudo isso, Heschel foi percebido a partir das polaridades de seu pensamento, às vezes como porta-voz de um tradicionalismo ortodoxo e, outras vezes, como núncio do pensamento libertário. O pensamento hescheliano opera por meio de pares de oposições entre conceitos e, muitas vezes, num zigue-zague na exposição de ideias que torna difícil captá-las de modo claro e distinto. Isso porque, sem entender a centralidade de TMH na construção da narrativa religiosa de Heschel, fica faltando uma chave essencial para a compreensão de seu modo de pensar. Essa chave é a dialética teológica rabínica que Heschel transformou em *pilpul* da *Agadá*. Faz-se necessário captar seu pensamento no fluxo de seu movimento. É desse modo que ele tece uma síntese da polifonia dos textos rabínicos tradicionais, entendendo-os como debate e tensão constante, fruto da experiência religiosa judaica.

Existe também um equívoco que ocorre em certa interpretação que minimiza a importância do terceiro volume de TMH. Assim, tomando Heschel por um místico, essa interpretação entende sua posição como sendo a de um akiviano[8]. Há certamente elementos akivianos no seu pensamento, como por exemplo, o conceito de *páthos* divino, sua visão da importância do ser humano como imagem divina e a ideia de que Deus procura o ser humano antes que esse o busque. Mas igualmente há elementos ischmaelianos em seu pensamento como a ideia da *Bíblia* como *midrasch* da revelação, a noção da profecia como diálogo e não como êxtase e a suprema importância dada à noção de que a mensagem central dos profetas bíblicos é uma antropologia divina não a teologia dos homens. Heschel não

5. *Revelation and Prayer*, p. 76.
6. Idem, p. 153.
7. *Spiritual Radical*, p. 166.
8. Esse é, por exemplo, o equívoco em que cai Rebeccah Schorsch em seu artigo The Hermeneutics of Heschel in Torah Min Ha-Shamayim, *Conservative Judaism*, n. 40, p. 304.

buscou dar a vitória nem a um nem ao outro, preferindo manter em tensão constante os dois lados[9].

No entanto, sem a leitura do terceiro volume de TMH, que, como foi mencionado acima, só foi publicado dezoito anos após a morte de Heschel, essa obra ficava incompleta e desprovida do arremate em que o filósofo clareia seu processo dialético de pensar a experiência religiosa, em direção a uma síntese que supera o dualismo na visão em paralaxe. Heschel prefere, por assim dizer, a tridimensionalidade da tensão viva e dinâmica, ainda que com o sacrifício do conceito claro e distinto, à bidimensionalidade que rejeita o paradoxo em sacrifício da vitalidade do pensamento.

A recepção da obra de Heschel a partir da perspectiva de TMH torna, então, perceptível a sua visão de uma dialética teológica que perpassa, tenciona e polariza o judaísmo através das gerações. A partir desse ponto de vista, em vez de perguntar "O que o judaísmo pensa disto ou daquilo?", a questão deveria ser formulada de outro modo: "Qual o debate judaico sobre este ou aquele tema?". Essa deveria ser a formulação apropriada, uma vez que a posição hescheliana ressalta que é observando o debate que se torna possível enxergar como, ao longo das gerações (*dorot*), as questões religiosas foram sendo respondidas de modo múltiplo e polifônico por aqueles que viveram e pensaram essa religião. Por ter-se relacionado por afinidade eletiva com a tensão dialética judaica[10] a fenomenologia hescheliana leva à construção de uma *agadá* ou narrativa teológica única. Para Heschel, a tensão dialética judaica tem suas raízes principalmente na influência hassídica e talmúdica. Essa narrativa propõe uma visão religiosa em paralaxe, a partir da consciência da parcialidade das posições e leva, consequentemente, à humildade teológica, que é, nas palavras de Kaplan[11], um dos elementos que norteiam a "revolução teológica" de Heschel.

9. Gordon Tucker, Heschel's Torah Min Ha-Shamayim, p. 55; Tamar Kohlberg, Bein Mehkar le-Teologuia: Be-Torá min ha-Schamaim be-Aspaklaria schel ha-Dorot le-A. Y. Heschel, p. 77, em *Daat: Ketav et le-Filossofia Iehudit ve-Kabalá*, p. 65-82.
10. *Redenção e Utopia*, p. 13-18.
11. E. Kaplan, *Spiritual Radical*, p. 117.

PROFETAS E SÁBIOS

Os profetas bíblicos aparecem ao lado dos sábios de Israel como modelos e fontes de inspiração na obra de Heschel. Os profetas são aqueles que viveram a experiência da revelação, da qual a *Bíblia* é um *midrasch*. Os rabinos são, porém, os intérpretes sem os quais a revelação não pode ser renovada. "Sem os sábios não há *Torá*"[12]. Ambos são modelos que inspiram cada um dos dois aspectos da obra hescheliana: o humanismo sagrado e a dialética teológica.

Os profetas bíblicos são, para Heschel, modelos de sensibilidade religiosa voltada para a concernência divina pelo ser humano. Ao longo de sua obra, a referência aos profetas é recorrente[13]. Esse mesmo tema é retomado pelo filósofo em seus escritos maduros já nos EUA, na década de 1950, em meio à sua atuação em movimentos sociais e políticos. A culminância dessa temática na obra hescheliana ocorre em 1960, quando ele mesmo traduz para o inglês (do original em alemão) e amplia sua tese de doutorado *Die Prophetie*, que é publicada em dois volumes, sob o título de *The Prophets*. Pela abordagem insistente desse tema, Heschel foi considerado, nos meios intelectuais norte-americanos e europeus, uma autoridade acadêmica no estudo dos profetas hebreus.

Nos anos 1960, tendo ainda a imagem dos profetas como inspiração, Heschel participa de vários movimentos sociais e políticos de crítica e reivindicação social, como os movimentos pelos direitos civis dos negros nos EUA, o movimento contra a Guerra do Vietnã e do diálogo inter-religioso. Nesses episódios e também em sua crítica ao moderno processo de desumanização, a figura dos profetas hebreus aparece como modelo de profundidade humana, e seu exemplo deu-lhe o lastro para construir um discurso de crítica aos valores da atual civilização. Esses profetas foram seguidamente apresentados como modelo para uma alternativa à pobreza espiritual do homem moderno em sua antropologia filosófica, pois é, segundo as palavras de Zalman Shachter-Shalomi, no teotropismo que o humano se realiza. Inspirado nos profetas bíblicos, Heschel construiu seu humanismo sagrado[14].

12. TMH, v. III, p. 27.
13. Este tema é extensivamente tratado em Alexandre Leone, *A Imagem Divina e o Pó da Terra*, dissertação defendida em 2000 e publicada em livro em 2002.
14. E. Kaplan, *Holiness in Words*.

Segundo Heschel, no entanto, "o judaísmo não é uma religião bíblica", isto é, a tradição não tem como fonte única o texto bíblico. É ele que afirma: "A entrega da *Torá* Escrita foi o começo, não o final da *Torá*"[15]. E prossegue argumentando que aos sábios das diversas gerações coube a tarefa de interpretar a *Torá* e, assim, atualizá-la, pois ela é por eles transmitida. "Consolidou-se a ideia segundo a qual a *Torá* flui de duas fontes: a fonte da profecia e a fonte da sabedoria"[16]. Sendo, porém, o judaísmo forjado de um mínimo de revelação e de um máximo de interpretação, ambos profetas e sábios são, nas palavras de Lévinas, representantes das vozes de Israel, mas é nas fontes rabínicas que a *Torá* guarda sua fisionomia especificamente judaica perante o Ocidente cristão.

Sobre esse aspecto, comenta Lévinas:

> O modo como esta tradição instituiu, constitui o judaísmo rabínico. Quaisquer que sejam os argumentos históricos que provam sua alta antiguidade – e eles são muito sérios – o cânon bíblico, tal como o mundo o recebeu, foi fixado pelos adeptos desta tradição. O judaísmo que tem uma realidade histórica – o judaísmo, simplesmente – é rabínico[17].

O texto profético foi canonizado, isto é tornou-se texto sagrado, pelas mãos dos sábios. Também segundo Heschel, foram eles que preencheram as lacunas e finalizaram a *Torá*[18]. Esse é outro modo de entender a oposição entre as noções de "*Torá* Celeste" e aquela que afirma que "ela não está no céu". Assim, a mão humana que atua na revelação está presente também na experiência religiosa da busca de Deus pelo estudo da Escritura, num debate transgeracional. Esse estudo é a busca (*drasch*) de Deus no texto[19]. Desse modo, em seus comentários, os sábios puderam até mesmo propor interpretações contrárias ao sentido literal (*peschat*) do texto. Cada um em sua época, circunstância e situação e é por isso que "nenhuma geração pode fazer construções para todas as gerações, é em cada geração que

15. TMH, v. III, p. 27.
16. Idem, p. 24.
17. A Religion of Adults, *Difficult Freedom*, p. 13.
18. TMH, v. III, p. 29.
19. P. Lenhardt, *À L'Ecoute D'Israel em Eglise*, p. 123.

os 'príncipes de Israel' [...] reparam, renovam e acrescentam aquilo que os primeiros sábios fizeram"[20].

É nesse sentido de uma interpretação contínua, fruto do debate rabínico, que a revelação prossegue, tanto na forma da mística como na forma da reflexão racional. Em *Prophetic Inspiration After the Prophets*, Heschel trata da continuidade das experiências de tipo "profético" no judaísmo medieval e na mística judaica, até o advento do hassidismo. Por outro lado, em *The Quest for Certanty in Saadia's Philosophy*, escreve sobre a espiritualidade de tipo racional. Ambos são, para Heschel, atualizações da fé judaica que não são apenas inspirações que ocorrem na vivência íntima do indivíduo, mas também a lembrança das experiências que aconteceram aos ancestrais[21]. Ao mesmo tempo em que estão no polo oposto ao dos profetas, os sábios são os seus continuadores.

A expressão *Torá min ha-Schamaim*, *Torá* Celeste, é formulada para o ouvido humano, pois ela não pode ser entendida apenas como expressão literal, mas também como metáfora. Para tanto, são necessárias as vozes do espanto radical e o sentido do maravilhoso: "Não é possível captar o sentido da expressão *Torá* Celeste a não ser que seja sentido o céu na *Torá*"[22]. O divino no texto bíblico só pode ser sentido e vivido por aquele para quem esse texto é um livro sagrado. A alma humana deve mesclar dois domínios para receber a *Torá*: o domínio da natureza e o domínio do espírito.

HESCHEL DIANTE DAS CORRENTES JUDAICAS MODERNAS

É muito conhecida a atuação de Heschel no diálogo inter-religioso, principalmente com o cristianismo. Foi nesse contexto que ele formulou uma de suas máximas mais famosas: "Nenhuma religião é uma ilha"[23]. Essa máxima expressa a noção de que as diversas religiões necessitam estar em permanente diálogo umas com as outras. O diálogo entre os homens de fé

20. TMH, v. III, p. 26.
21. *Spiritual Radical*, p. 55.
22. TMH, v. III, p. 31.
23. Idem, p. 235.

não é uma disputa para ver quem convence quem a mudar suas convicções. Para ele, esse diálogo baseia-se no reconhecimento mútuo da legitimidade de suas experiências religiosas, ainda que divergentes, pois a verdade não está apenas no credo, isto é, na racionalização dos conceitos, mas na profundidade da verdade íntima da resposta que o homem de fé dá a Deus, quando ele se percebe na condição de buscado por Aquele. Além disso, são as tarefas comuns com relação à preocupação com o ser humano e seu bem-estar físico e espiritual que, para Heschel, deveriam nortear uma ação única, conjunta das diversas tradições.

Analogamente, com relação às correntes do judaísmo moderno, Heschel buscou uma posição de diálogo permanente. A cena judaica moderna é a da divisão em correntes liberais, tradicionalistas e ortodoxas. Nesse leque de correntes, os polos têm seguido um caminho de radicalização em que o diálogo se tornou cada vez mais difícil, a ponto de cessar completamente. As divergências com relação a posições quanto à revelação e à prática dos mandamentos parece estar esfacelando o judaísmo em grupos irreconciliáveis. Pareceria ao observador moderno que essa situação de diversidade teológica é nova e perigosa, um desvio de alguma unidade original. Heschel, porém, demonstra que tal unidade nunca existiu no judaísmo rabínico. A regra sempre foi o debate e a diversidade de posições e de pontos de vista. A novidade dos tempos modernos reside na deslegitimação de um grupo pelo outro, o que leva à cessação do debate entre as correntes.

Nesse contexto, a dialética teológica hescheliana formulou uma narrativa religiosa que vê as polarizações atuais como uma decorrência nas condições modernas dos debates que continuaram ao longo das gerações precedentes. Seguindo a conclusão mais direta a que leva o pensamento hescheliano, as correntes do judaísmo moderno são legítimas, mas, ao mesmo tempo, parciais em sua visão de Deus. Só o diálogo entre elas pode produzir uma visão em paralaxe do pensamento judaico contemporâneo, capaz de renovar a experiência religiosa profunda segundo essa conclusão. Esse é outro aspecto daquilo que Kaplan chamou de "revolução teológica de Heschel".

Também desse ponto de vista, a TMH é central para a compreensão da obra hescheliana, pois esse aparente estudo sobre as correntes do judaísmo talmúdico e medieval mostra que os debates em relação à divindade e a humanidade da revelação não são travados apenas no presente. Apresentar o judaísmo rabínico tradicional a partir de um único ponto de vista, mencionando uma fonte e não outra, é, para Heschel, um modo de descaracterizá-lo. A dialética teológica hescheliana tece, assim, um discurso profundamente antifundamentalista. O que ela faz é propor um ecumenismo *interjudaico* pluralista.

DIALÉTICA TEOLÓGICA E DIÁLOGO INTER-RELIGIOSO

Forneceria a dialética teológica hescheliana instrumentos para pensar a experiência religiosa em geral? Poderia ela embasar uma compreensão do diálogo inter-religioso? Com relação à primeira pergunta, a visão de Heschel de uma dialética na experiência humana em geral faz pensar que, para ele, toda experiência religiosa profunda gere pares antitéticos. Poder-se-ia, então, questionar: a existência de antíteses seria um dado suficiente para demonstrar que se está diante de algo central na experiência religiosa, em uma dada tradição? Por exemplo, no cristianismo, os debates sobre divindade e humanidade de Jesus, entre Pelágio e Agostinho sobre salvação e condição humana, ou a questão secular entre aqueles que defendem a salvação pelas obras ou pela graça; no islamismo, a polêmica entre sunitas e xiitas quanto à autoridade da tradição posterior a Maomé; no budismo, a discussão sobre a reencarnação da alma entre tibetanos e os adeptos do zen; não seriam todos esses dissentimentos meras oposições entre a visão terrena e a visão celeste da experiência religiosa profunda que ocorrem em tradições distintas? É mesmo possível falar de uma única opinião nessas diversas tradições?

Da mesma forma, com relação ao diálogo entre as diversas tradições religiosas, a questão será como entender a posição hescheliana que legitima o pluralismo religioso sem cair na dualidade do relativismo? Vários pensadores, filósofos e teólogos recentes têm se debruçado sobre o tema do pluralismo religioso e a chamada teologia das religiões[24] como um método de legitimação

24. Asett, *Pelos Muitos Caminhos de Deus*, p. 120.

da diversidade. É bom ressaltar que Heschel não propõe uma teologia das religiões sistemática e acabada. A sua proposta é, antes, levar em conta que as diferenças na formulação dos credos são fruto de situações diversas daqueles que vivem a fé.

É sobre os temas em relação aos quais os debates inter-religiosos são travados que a dialética teológica aparece. Um exemplo disso é, como já foi visto, a utilização que Heschel faz de referências da *Didascália*, obra cristã dos primeiros séculos da Era Comum, contrapondo a posição dos primeiros cristãos sobre os Dez Mandamentos às posições rabínicas e colocando, assim, essa obra como parte do debate. Outro exemplo são as referências às posições muçulmanas sobre a revelação do *Alcorão* em debate com as posições judaicas. Tanto em um exemplo como no outro, Heschel alarga o debate ao pôr em cena essas tradições aparentadas como que travando um debate sobre temas afins. Na verdade, ao dar voz ao oponente, Heschel também o legitima como sujeito do diálogo.

Aqui, novamente, pode-se ver que a leitura dos textos heschelianos sobre diálogo inter-religioso à luz de TMH torna mais clara sua compreensão. Note-se ainda que, em seus textos voltados especificamente para o diálogo inter-religioso, Heschel procurou mobilizar pessoas de diferentes religiões para atuarem juntas em prol da dignidade humana e em oposição ao niilismo, ao fetichismo moderno e à alienação, que são os desafios enfrentados por todas as pessoas religiosas. Essa mobilização conjunta é a base para o reconhecimento mútuo. É curioso que Lévinas também se refere à experiência comum de resistência ao nazismo como o evento que gerou o diálogo judaico-cristão, levado a um rumo novo no pós-guerra. Heschel aponta para um diálogo inter-religioso ativo que não busca, contudo, resolver questões teológicas nem diferenças de crenças.

> Em que base nós, pessoas de diferentes compromissos religiosos nos encontramos? [...] Nós nos encontramos como seres humanos que têm muito em comum: uma face, uma voz, a presença de uma alma, medos, esperanças, a habilidade de confiar, uma capacidade de sentir compaixão e entendimento, a qualidade de sermos humanos[25].

25. *Moral Grandeur and Spiritual Audacity*, p. 238.

Segundo Heschel, a consciência de compartilhar a condição humana é a base do dialogo inter-religioso.

O propósito da comunicação religiosa entre seres humanos de diferentes compromissos é o enriquecimento mútuo e o aumento do respeito e do apreço, ao invés da desqualificação do outro no que diz respeito às suas convicções com relação ao sagrado[26].

Para que esse diálogo aconteça, é necessária a superação de antigos desentendimentos e ressentimentos. Um exemplo dessa tentativa de ir além do ressentimento é oferecido pela atuação de Heschel como observador judeu no Concílio Vaticano II e sua influência no esboço do documento católico *Nostra Aetate*[27], quando, nos anos 1960, a Igreja Católica mudou oficialmente sua posição com relação aos judeus e se abriu ao diálogo com outras religiões.

O respeito pelos compromissos uns dos outros, o respeito pela fé uns dos outros, é mais do que um imperativo político e social. Ele nasce do *insight* de que Deus é maior do que a religião, que a fé é mais profunda do que o dogma, que a teologia tem suas raízes na teologia profunda.

A perspectiva ecumênica é a compreensão de que a verdade religiosa não brilha no vácuo, que o primeiro interesse da teologia é pré-teológico e que religião envolve a situação total do homem, suas atitudes e ações e, desse modo, não deve nunca ser mantida em isolamento[28].

FILOSOFIA DA SANTIDADE: ENTRE MÍSTICA E RAZÃO SENSÍVEL

Heschel considerava *Torá min ha-Schamaim be-Aspaklaria schel ha-Dorot* como seu *sefer kodesch*. Aquele dentre todos os seus livros que poderia figurar nas prateleiras do *beit midrasch* – a acadêmica rabínica – lado a lado com os tratados do *Talmud*, as coleções de *midraschim*, os comentários e tratados

26. Idem, p. 243.
27. *Holiness in Words*, p. XXVI.
28. *Moral Grandeur and Spiritual Audacity*, p. 287.

medievais e pós-medievais, isto é, como parte integrante da tradição que ele se propõe a comentar[29]. O conjunto da obra de Heschel é, ao mesmo tempo, uma reflexão filosófica sobre a condição humana na Modernidade e um imenso esforço de dar continuidade e renovar a tradição rabínica.

Essa duplicidade pode ser notada nos dois polos do pensamento hescheliano: a antropologia filosófica e a filosofia da religião. Enquanto antropologia filosófica, sua obra volta-se para pensar o humano em sua grandeza como imagem divina e em sua miséria como pó da terra. O *Homo sapiens* espiritualiza-se numa constante tensão entre o anjo e a besta que habitam nele, lado a lado. Para que o homem se espiritualize, é necessário que ele se humanize. É preciso que se descubra como concernência e necessidade divina na tarefa da redenção de si mesmo. Nesse sentido, a obra hescheliana é uma renovação do apelo profético por uma ética da responsabilidade pelo outro. O homem expressa, assim, uma polaridade anunciada na profecia bíblica: aquele que é a imagem divina é também formado do mais inferior material. O homem é pó e cinzas. Na condenação à morte, imposta a Adão, Deus declara: "Pois tu és pó e ao pó voltarás" (*Gn* 3, 19). Ser mortal, porém, não significa que a alma está aprisionada no corpo, sepultada nele. A contradição não é de substância, é de atos: "O pecado do homem é falhar em viver o que ele é. Sendo o mestre da Terra, o homem esqueceu que ele é o servo de Deus".

Por outro lado, enquanto filosofia da religião, a obra hescheliana volta-se para compreender a experiência religiosa como paralaxe entre duas visões muito distintas do encontro humano-divino: o ponto de vista do transcendente e o ponto de vista imanente desse encontro. Ao assumir ambas as visões, ele busca a paralaxe entre a mística e a razão, que assim se entrelaçam sem se mesclar. A mística que incorpora a razão torna-se uma mística uma oitava acima, da mesma forma que a razão que incorpora o *insight* da situação humana deixa de lado a arrogância da razão formal e torna-se sensível e humilde. No evento religioso, ambas concorrem, se não na experiência individual pelo menos na intersubjetividade, para enriquecer

29. L. Levin, Heschel's Homage to the Rabbis, *Conservtive Judaism*, v. 50, p. 57.

as significações humanas sobre o divino. Deus está perto e longe, presente e ausente ao mesmo tempo. Na Sua presença, o ser humano se maravilha e, na Sua ausência, o ser humano se torna seu símbolo, devendo realizar por Ele aquilo que Deus não está ali para fazer. Essa é a mística da ação humanizadora. Essa duplicidade do pensamento hescheliano tem sua chancela no nome do curso que ele ministrava no Jewish Theological Seminary: Ética e Mística Judaica.

No final de TMH, após retomar a relação entre *Halakhá* e *Agadá*, Heschel discute as ideias de responsabilidade social e de dignidade humana como noções teológicas que implicam decisões legais. A dignidade humana é tão importante que os rabinos de outrora chegaram a descartar a aplicação de certos mandamentos em situações em que a lei se colocava contra ela. Essa é a lei vivida pelo homem religioso. Sobre esse mesmo tema refletiu Lévinas:

> Ao lado da filosofia grega, a qual promove o ato de conhecer como um ato espiritual por excelência, o homem é aquele que busca a verdade. A *Bíblia* nos ensina que o homem é aquele que ama o seu próximo, que o fato de amar seu próximo é uma modalidade de vida que é sentida como tão fundamental – diria mais fundamental – quanto o conhecimento do objeto e quanto a verdade enquanto conhecimento de objetos[30].

Nesse sentido, Lévinas se dizia um pensador religioso. Da mesma forma, para Heschel: "O homem religioso é uma pessoa que segura Deus e o ser humano em um pensamento a um só tempo, todo o tempo; que sofre em si o dano feito a outros, cuja grande paixão é a compaixão, cuja maior força é o amor e desafio ao desespero"[31]. Entre o humanismo sagrado e a dialética teológica, o pensamento de Heschel torna-se uma filosofia da santidade.

30. F. Poirié, *Emmanuel Lévinas*, p. 105.
31. *I Asked for Wonder*.

Referências Bibliográficas

ASETT (org.). Pelos Muitos Caminhos de Deus: Desafios do Pluralismo Religioso à Teologia da Libertação. Goiás: Rede, 2003.

BACCARINI, Emilio. O Homem e o *Páthos* de Deus. In: PENZO GIORGIO; GIBELLINI, Rosino (orgs.). *Deus na Filosofia do Século XX*. São Paulo: Loyola, 1998.

BIALIK, Haim Nakhman. *Hagadá ve-Agadá: Sefer ha-Agadá*. Ieruschalaim, [s.n.] 1917.

BOROWITZ, Eugene. *Choices in Modern Jewish Thought: A Partisan Guide*. New York: Behrman House, 1983.

BRESLAUER, S. Daniel. *The Impact of A. J. Heschel as Jewish Leader in the America Jewish Community from the 1960's to his Death: A Social, Psychological, and Intelectual Study*. Dissertation submited to Brandeis University for Ph.D., 1974.

BRILL, Alan. Aggadic Man: The Poetry and Rabbinic Thought of Abraham Joshua Heschel. *Meorot: A Forun of Modern Orthodox Discourse*, New York: Yeshivah Chvevei Torah, 2006.

CARDOZO, Nathan T. *The Written and the Oral Law: A Comprehensive Introduction*. New York: Jason Aronson Book, 1997.

COHEN, Adir. Torá min ha-Schamaim: Siá ha-Elohim im ha-Adam: Perek be-Mischnato schel Avraham Yoshua Heschel. *Hachinuch: Journal for Educational Thought*, Tel Aviv, ano LIII, n 3-4, maio 1981.

DRESNER, Samuel H. *Heschel, Hassidism, and Halakha*. New York: Fordham University Press, 2002.

ELON, Menachem. *Jewish Law: History Sources, Principles*. Philadelphia/Jerusalem: Jewish Publication Society, 1994.

ESPINOSA, Baruch de. *Tratado Teológico-político*. Lisboa: Imprensa Nacional/Casa da Moeda, 1988.

EVEN-HEN, Alexander. *Kol min ha-Arafel: Avraham Yoshua Heschel bein Fenomenologuia le-Mistica*. Tel Aviv: Am Oved, 1999.

_____. The Torah, Revelation, and Scientific Critique in the Teachings of Abraham Joshua Heschel. *Conservative Judaism*, New York, v. 50, n. 2-3, winter/spring 1998.

FIERMAN, Morton C. *Leap of Action: Ideas in the Theology of A. J. Heschel*. Lanhan: University Press of America, 1990.

FRANK, Stephen. Abraham Joshua Heschel and William James: An Unorthodox but Edifying Union. *Conservative Judaism*, New York, v. 59, winter, 2007.

GAMBERINI, Paolo. Il "Pathos" di Dio nel Pensiero di Abraham Joshua Heschel. *La Civilità Cattolica*, Vaticano, quaderno numero 3551, 1998.

GILLMAN, Neil. *Fragmentos Sagrados: Recuperando a Teologia para o Judeu Moderno*. São Paulo: Comunidade Shalom, 2007.

_____. The Dynamics of Prophecy in the Writings of Abraham Joshua Heschel. In: GLAS, Gerrit et al. (org.), *Hearing Visions and Seeing Voices*. New York: Springer, 2007.

_____. Epistemological Tensions in Heschel's Thought. *Conservative Judaism*, New York, v. 50, n. 2-3, winter/spring 1998.

GRAETZ, Heindrisch. *History of the Jews*. Philadelphia, Jewish Publication Society, 1955.

GREENE, Arthur. *Three Warsaw Mystics: The Convenantal Comunity*. Moscou: Memorial Foundation, 1995. Apostila editada pela Memorial Fundation, para uso do professor Greene no Seminário Acadêmico Judaico-Europeu Nahum Golman Felowship.

GROSS, Victor. *Education for Reverence: The Legacy of Abraham Joshua Heschel*. Lima: Wyndham Hall, 1989.

HAZAN, Gloria. *Filosofia do Judaísmo em Abraham Joshua Heschel: Consciência Religiosa, Condição Humana e Deus*. São Paulo: Perspectiva, 2008.

HESCHEL, Abraham Joshua. *The Ineffable Name of God: Man*. London/New York: Continuum, 2005.

_____. *O Schabat: Seu Significado para o Homem Moderno*. São Paulo: Perspectiva, 2000.

_____. *The Prophets* [1962]. New York: Harper and Row. 2v., 1998.

_____ [1955]. *God in Search of Man: A Philosophy of Judaism*. New York: The Noonday, 1997.

_____ [1951]. *Man Is Not Alone: A Philosophy of Religion*. New York: The Noonday, 1997.

_____. *Moral Grandeur and Spiritual Audacity: Essays*. Susannah Heschel (ed.). New York: The Noonday, 1997.

_____ [1967]. *Israel an Echo of Eternity*. Woodstock: Jewish Ligth, 1997.

_____. *I Asked for Wonder: A Spiritual Anthology of A. J. Heschel*. Samuel Dresner (ed.). New York: Crossroad, 1996.

_____. *Prophetic Inspiration After the Prophets: Maimonides and Other Medieval Authorities*. Morris Idel (ed.). Hoboken: Ktav, 1996.

_____. *A Passion for Truth*. Woodstock: Jewish Lights, 1995.

_____ [1949]. *The Earth is the Lord's: The Inner World of Jew in Eastern Europe*. Woodstock: Jewish Ligths, 1995.

_____ [1963]. *Who Is Man?* Stanford: Stanford University Press, 1995.

_____. *To Grow in Wisdom: An Anthology*. Jacob Neusner (ed.). London: Madson, 1990.

_____. *Torah min HaShamaim BeAspaklalia shel HaDorot*. New York: JTS, v. 3, 1990.

_____. *La Democracia y Otros Ensayos*. Buenos Aires: Seminário Rabinico Latinoamericano, 1987.

_____. *The Circle of the Baal Shem Tov: Studies in Hasidism*. Samuel H. Dresner (ed.). Chicago, University of Chicago Press, 1985.

_____ [1951]. *The Sabbath: Its Meaning for Modern Man*. New York: The Noonday, 1979.

_____. *Deus em Busca do Homem*. São Paulo: Paulinas, 1975.

_____. *O Homem à Procura de Deus*. São Paulo: Paulinas, 1974.

_____. *O Homem não Está Só*. São Paulo: Paulinas, 1974.

_____. *Human, God's Inefable Name: Freely rendered by Rabbi Zalman Shacher--Shalomi*. Prived published, 1973.

_____. *Between God and Man: An Interpretation of Judaism*. Selected, ed. and introduced by Fritz A. Rothchild. New York: Collier Macmillan, 1969.

_____. *The Prophets*. New York: Harper & Row, v. 1, 1969.

_____ [1959]. *The Insecurity of Freedom: Essays on Human Existence*. New York: Shocken Books, 1966.

_____. *Torah min HaShamaim BeAspaklalia shel HaDorot*. London: Soncino, v. 1, 1962; v. 2, 1965 (em hebraico).

_____. *Man's Quest for God: Studies in Prayer and Simbolism*. New York: The Scribner, 1954.

_____. *Der Shem Hamefoiresh: Mensch*. Warzawa (Varsóvia): Druk, 1933.

HYMAN, James. *Abraham Heschel and the Trope of Meaning*. Dissertation submited to the Department of Religious Studies, Stanford University for Ph.D., 1996.

IBBA, Giovanni. "Dialogando" com Abraham Joshua Heschel. *Nuova Umanità*, Roma, v. 18, 1996.

KAPLAN, Edward K. *Spiritual Radical: Abraham Joshua Heschel in America*. New Haven/London: Yale University Press, 2005

_____. *Profetic Witness*. London: Yale University Press, 1998.

_____. Sous le Regard de Dieu: Veneration, Morale, et Santite Juive. *Service International de Documentation Judéo-Chrétienne*, Roma, v. 30, n. 1, 1997.

_____. *Holiness in Words: A. J. Heschel Poetics of Piety*. Albany: State University of New York Press, 1996.

KASINOW, Harold. *Divine–Human Encounter: A Study of A. J. Heschel*. Dissertation submited to Temple University for the degree Doctor of Philosophy, 1975.

KIMELMAN, Reuven. *Abraham Joshua Heschel: Our Generation Teacher*. Texto distribuído por ocasião da palestra com o mesmo nome na Rabbinical Assembly Convention, Boston, 2007.

KLEPFISZ, Heszel. *La Cultura Espiritual del Judaísmo Polaco*. Buenos Aires: Congreso Judio Mundial, 1970.

KOHLBERG, Tamar. Bein Mehkar le-Teologuia: *Be-Torah min ha-Schamaim be--Aspaklaria schel ha-Dorot* le-A. Y. Heschel. *Daat: Ketav Et Le-Filossofia Iehudit ve-Kabalá*, Ramat Gam Bar-Ilan University Press, n. 30, winter, 1993.

KRIEGER, Stephan H. The Place of Storytelling in Legal Reasonig: Abraham Joshua Heschel's Torah Min Hashamayim. *Social Science Research Network*,

Hofstra University School of Law. Disponível em: <http:papers.ssrn.com/sol3/papers2007>.

LEVIN, Leonard. Heschel's Homage to the Rabbis: Torah Min Ha-Shamayim as Historical Theology, a Twenty-Fifth Yahrtzeit Tribute. *Conservative Judaism*, New York, v. 50, winter/spring, 1998.

MAGID, Shaul. Abraham Joshua Heschel and Thomas Merton: Heretics of Modernity. *Conservative Judaism*, New York, v. 50, n. 2-3, winter/spring 1998.

MERKLE, John C. *The Genesis of Faith: The Depth Theology of A. J. Heschel*. New York: Macmillan, 1985.

______. Tradition, Faith, and Identity in Abraham Joshua Heschel's Religious Philosophy. *Conservative Judaism*, New York, v. 36, n. 2, 1982.

PERI, Paul F. *Education for Piety: An Investigation of the Works of A. J. Heschel*. Dissertation submited to Columbia University, 1980.

PERLMAN, Lawrence. Revelation and Prayer: Heschel's Meeting with God. *Conservative Judaism*, New York, v. 60, n. 3, spring 2008.

SCHORSCH, Rebeccah. The Hermeneutics of Heschel in Torah Min Hashamayim. *Judaism*. New York, v. 40, n. 3, summer, 1991.

SCOLNIC, Benjamin (ed.). Abraham Joshua Heschel: A Twenty-Fifth Yahrtzeit Tribute. *Conservative Judaism*, New York, v. 50, winter/spring 1998.

SHANDLER, Jeffrey. Heschel and Yiddish: a Strugle with Signification. *The Journal of Jewish Thoght and Philosophy*, v. 2. New York: Academic Publishers GmbH, 1993.

SHERMAN, Franklin. *The Promise of Heschel*. Philadelphia: J. B. Lippincott, 1970.

STAMPFER, Joshua. *Prayer and Politics: The Twin Poles of Abraham Joshua Heschel*. Portland: Institute of Judaic Studies, 1985.

TANENZAPF, Sol. Heschel and His Critics. *Conservative Judaism*, New York, v. 23, n. 3, summer, 1974.

TANGORRA, Giovanni. Heschel, il Teologo Poeta. *Septimana*. Roma, n. 46, dez. 1997.

TUCKER, Gordon. *Heavenly Torah: As Refracted Through the Generations*. Tradução, Introdução e Comentários ao livro de Heschel. New York/London: Continuum, 2005.

______. *Heschel's Torah Min Hashamayim as a Teaching Tool*. Rabbinical Assembly, curso gravado em CD 1, 2, 3, 2005.

______. Heschel's Torah Min Ha-Shamayim: Ancient Theology and Contemporary Autobiography a Twenty-Fifth Yahrtzeit Tribute. *Conservative Judaism*, New York, v. 50, winter/spring 1998.

______. Heschel on the Theology of the Rabbis. *Proceedings of the Rabbinical Assembly*, v. LI, 1989.

WASCOW, Arthur. My Legs Were Praying: Theology and Politics in Abraham Joshua Heschel. *Conservative Judaism*, New York, v. 50, n. 2-3, winter/spring 1998.

WAXMAN, Mordecai. Abraham Joshua Heschel, A Yahzeit Tribute. *Conservative Judaism*, New York, v. 28, n. 1, 1973.

WAXMAN, Mordechai (ed.). Abraham Joshua Heschel: A Yahrtzeit Tribute. *Conservative Judaism*, New York, v. 28, n. 1, 1973.

Bibliografia Complementar

BACCARINI, Emilio. O Homem e o *Páthos* de Deus. In: PENZO, Giorgio; GIBELLINI, Rosino (orgs.). *Deus na Filosofia do Século XX*. São Paulo: Loyola, 1998.

BENJAMIN, Walter. Obras Escolhidas, v.xxxx : *Rua de Mão Única*. São Paulo: Brasiliense, 1987.

_____. *Teses Sobre a Filosofia da História*. São Paulo: Ática, 1985. (Col. Grandes Cientistas Sociais).

BOFF, Leonardo. *Saber Cuidar: Ética do Humano, Compaixão pela Terra*. Petrópolis: Vozes, 1999.

BORGES, Jorge Luis. *Siete Noches*. México: Fondo de Cultura Econômica, 1992.

BUBER, Martin. *Sobre Comunidade*. São Paulo: Perspectiva, 1987. (Col. Debates).

_____. *Eclipse de Deus: Considerações sobre a Relação entre Religião e Filosofia*. Campinas: Verus, 2003.

CHOURAQUI, André. *Os Homens da Bíblia*. São Paulo: Schwartz, 1990. (Col. A Vida Cotidiana).

DAMEN, Franz (org.). *Pelos Muitos Caminhos de Deus: Desafios do Pluralismo Religioso à Teologia da Libertação*. Goiás: Rede, 2003.

DIMITROVISKI, Haim Zalman. Al Ha-Derekh Ha-*Pilpul*. In: *Ha-Yovel Li-Khvod Schalom Baron*. Ieruschalaim: Ha-Akademia ha-Amerikanit le-Madaey ha-Iahadut. 1975.

DORFF, Elliot N. *The Unfolding Tradition: Jewish Law After Sinai*. New York: Aviv, 2005.

_____. Medieval and Modern Theories of Revelation. In: *Humash Etz Hayim*. New York: Jewish Publication Society, 2004.

ENGELS, Friedrich. A Humanização do Macaco pelo Trabalho. In: _____. *Dialética da Natureza*. São Paulo: Paz e Terra, 1979.

FINKELSTEIN, Louis. *Akiva: Scholar, Saint, and Martyr*. Northvale/London: Jason Aronson, 1990.

FRANK, Daniel H.; LEAMAN, Oliver (org). *History of Jewish Philosophy*. London/ Nova York: Routledge, 2003.

_____.; LEAMAN, Oliver (orgs.). *Medieval Jewish Philosophy*, Cambridge: Cambridge University Press, 2003.

GOLINKIN, David. Mudança, Flexibilidade e Desenvolvimento Dentro da Halachá. *Pardes,* Rio de Janeiro: Congregação Judaica do Brasil, mar. abr., 1996.

GUINSBURG, Jacó. *O Judeu e a Modernidade*. São Paulo: Pespectiva, 1970.

GUTTMANN, Alexander. *Rabbinic Judaism in the Making: A Chapter in the History of the Halakhah from Ezra to Judah I*. Detroit: Wayne State University Press, 1970.

GUTTMANN, Julius. *A Filosofia do Judaísmo*. São Paulo: Perspectiva, 2003.

HALBERNAL, Moshe. *The History of Halakhah, Views from Within: Three Medieval Aproaches to Tradition and Controversy*. Boston: Harvard University School of Law, 1997. <http://www.law.harvard.edu/programs/Gruss/halbert.html>.

JAMES, William. *The Varieties of Religious Experience*. Nova York: Barnes & Noble, 2004.

JONAS, Hans. *Le Concept de Dieu après Auschwitz*. Paris: Payot & Rivages, 1984.

KADUSHIN, Max. *The Rabbinic Mind*. New York: Bloch, 1972.

KAISER, Robert D. *Revelation and Torah: Jewish Views*. Judaism FAQs, site de artigos judaicos. © 2000. <http://www.msnusers.com/judaismfaqs/revelationandtorah.msnw>.

KAPLAN, Mordechai. *Judaism as a Civilization-Toward a Reconstruction of American-Jewish Life*. New York: The Reconstructionist Press, 1972.

KETTERER, Eliane e REMAUD, Michel. *O Midraxe*. São Paulo: Paulus, 1996.

KURZ, Robert. *O Colapso da Modernização: Da Derrocada do Socialismo de Caserna à Crise da Economia Mundial*. Rio de Janeiro: Paz e Terra, 1992.

LAMPEL, Zvi. *The Dynamics of Dispute: The Making of Machlokess in the Talmudic Times*. New York: Judaica, 1992.

LENHARDT, Pierre. *À L'Ecoute d'Israel em Eglise*. Langres: Parole et Silence, 2006

LEONE, Alexandre G. *A Imagem Divina e o Pó da Terra: Humanismo Sagrado e a Crítica da Modernidade em A. J. Heschel*. S. Paulo: Humanitas/ Fapesp, 2002.

______. "Deveres Humanos": Os Direitos Humanos a partir de Uma Visão Judaica. *Revista Dominicana de Teologia*, n. 7, 2009. (Igreja e Direitos Humanos.)

______. Torá, Mística e Razão em Heschel. *Arquivo Maaravi: Revista Digital de Estudos Judaicos da UFMG*, v.1, n. 2, mar. 2008. Disponível em: < http://www.ufmg.br/nej/maaravi/artigoalexandreleone1-torah.html>. Acesso em 8 abr. 2011.

______. A Dialética Teológica Rabínica Através da Leitura Hescheliana do *Talmud* e do *Midrasch*. In: *II Congresso Brasileiro de Filosofia da Religião*, 2007, Belo Horizonte. Disponível também em: < http://www.abralic.org.br/anais/cong2008/AnaisOnline/simposios/pdf/018/ALEXANDRE_LEONE.pdf >. Acesso em 8 abr. 2011.

______. Um Crítico Apaixonado da Idolatria da Modernidade. *Revista 18*. São Paulo, 2005.

______. A Oração como Experiência Mística em Abraham J. Heschel. In: INCONTRI, Dora (org.). *Educação e Espiritualidade: Interfaces e Perspectivas*. Bragança Paulista, Comenius, 2010.

______ . A Oração como Experiência Mística em Abraham J. Heschel: Uma Filosofia da Espiritualidade Judaica Contemporânea. In: INCONTRI, Dora (org.). Educação e Espiritualidade: Interfaces e Perspectivas. Bragança Paulista: Comenius, 2010. V. 1.

LÉVINAS, Emmanuel. *Deus, a Morte e o Tempo*. Coimbra: Almedina, 2007.

______. *Quatro Lições Talmúdicas*. São Paulo: Perspectiva, 2003.

______. *Deus a Morte e o Tempo*, Coimbra: Almedina, 2003.

______. *Novas Interpretações Talmúdicas*. Rio de Janeiro: Civilização Brasileira, 2002.

______. *Time and the Other*. Pittsburgh: Duquesne University Press, 2002.

______. *Beyond the Verse: Talmudic Readings and Lectures*. Indianapolis: Indiana University Press, 1994.

______. *Nine Talmudic Readings*. Indianapolis: Indiana University Press, 1994.

______. *Difficult Freedom*. Baltimore: The John Hopkins University Press, 1990.

______. *Totalidade e Infinito*. Lisboa: Edições 70, 1980.

______. *Humanismo do Outro Homem*. Petrópolis: Vozes, 1972.

LOPES CARDOZO, Nathan T. *The Written And Oral Torah: Acomprehensive Introduction*. New York: Aronson, 2004.

LÖWY, Michael. *Redenção e Utopia: O Judaísmo Libertário na Europa Central*. São Paulo: Companhia das Letras, 1989.

MCGINN, Bernard. *The Foundations of Mysticism*, v. 1: *The Presence of God: A History of Western Christian Mysticism*. New York: Crossroad, 2003.

MIELZINER, Moses. *Introduction to the Talmud*. Nova York: Bloch, 1968.

NEUSNER, Jacob. Theology of Judaism: Halakhah and Aggadah. *The Encyclopedia of Judaism*, vol.III. New York: Continuum, 1999.

_____. *Introduction to Rabbinic Literature*. New York/London: Doubleday. 1994.

_____. *The Midrasch: An Introduction*. Northvale/Nova Jersey/Londres: Jason Aronson, 1990.

NOVEK, Simon. *Contemporary Jewish Thought*. Washington: B'nai B'rith Books, 1985.

OTTO, Rudolf. *O Sagrado: Os Aspectos Irracionais na Noção do Divino e sua Relação com o Racional*. São Leopoldo/Sinodal/EST/Petrópolis: Vozes, 2007.

POIRIÉ, François. *Emmanuel Lévinas: Ensaio e Entrevistas*. São Paulo: Perspectiva, 2007

PROUDFOOT, Wayne. *Religious Experience*. Berkeley/Los Angeles: University of Califórnia Press, 1985.

RAMBALDI, Erico. Dialéctica. *Enciclopédia Einaudi*. Lisboa: Imprensa Nacional, 1988.

REHFELD, Walter. *Tempo e Religião: A Experiência do Homem Bíblico*. São Paulo: Perspectiva, 1988.

ROSENSWEIG, Michael. Elu Va-Elu Divre Elokim Hayyim: Halakhic Pluralism and Theories of Controversy. *Tradition*, 26:3, 1992.

ROSENZWEIG, Franz. *The New Thinking*. Syracuse: The Syracuse University Press, 1999.

_____. *God, Man, and the World*. Syracuse: The Syracuse University Press, 1998.

_____. *On Jewish Learning*. New York: Schocken, 1988.

_____. *The Star of Redemption*. Notre Dame/London: University of Notre Dame Press, 1985.

RUBENSTEIN, Jeffrey L. *Talmudic Stories: Narrative Art, Composition, and Culture*. Baltimore/London: The Johns Hopkins University Press, 1999.

SAFRAN, Alexandre. *A Cabalá*. São Paulo: Colel Torá Temimá do Brasil, 1995

SCHACHTER-SHALOMI, Zalman. *Paradigm Shift*. Philadelphia: Aronson, 1993.

SCHÄFER, Peter. *Mirror of His Beauty: Feminine Images of God From the Bible to the Early Kabbalah*. Princeton/Oxford: Princeton University Press, 2002.

SCHECHTER, Solomon. *Aspects of Rabbinic Theology: Major Concepts of the Talmud*. New York: Dchoken, 1961.

SCHEFFCZYC, Leo. *O Homem Moderno e a Imagem Bíblica do Homem*. São Paulo: Paulinas, 1976.

SCHOLEM, Gershom. *Grandes Correntes da Mística Judaica*. São Paulo: Perspectiva, 1972. (Col. Estudos).

SELTZER, Robert M. *Povo Judeu, Pensamento Judaico*. Rio de Janeiro: A. Koogan, 1989. (Coleção Judaica, t. II).

SILVEIRA DA COSTA, José. *Max Scheller: O Personalismo Ético*. São Paulo: Moderna, 1996.

SORJ, Bernardo; GRIN, Mônica (Orgs.). *Judaísmo e Modernidade: Metamorfoses da Tradição Messiânica*. Rio de Janeiro: Imago, 1993.

STONE, I. F. *Reading Lévinas: Reading the Talmud*, Philadelphia: JPS, 1998.

URBACH, Ephraim E. *The Sages: Their Concepts and Beliefs*. Cambridge/London: Harvard University Press, 2001.

Este livro foi impresso em São Paulo,
nas oficinas da Graphium Gráfica e Editora, em junho de 2011,
para a Editora Perspectiva S.A.